スピノザ　エチカ抄

佐藤一郎編訳

みすず書房

目次

幾何学の順序で論証された

倫理学《エチカ》

五つの部に区切られ、次のことが論じられる。

一　神について
二　精神の自然の性と起源について
三　感情の起源と自然の性について
四　人間の奴隷状態、あるいは感情の勢力について
五　知性の力、あるいは人間の自由について

第一部　神について

定義

一　自己原因ということでわたしが解るのは、その有りかたが実在を伴うもの、言いかえれば「実在している」としかその自然の性[1]を念《おも》えないものである。

二　同じ自然の性の他のものから限定されうるような物は「自己の類の中で有限」と言われる。たとえば物体は、もっと大きな別のものをわれわれはいつでも念うがゆえに、有限と言われる。同じように思いは別の思いによって限定される。ところが、物体は思いによって限定されないし、また思いは物体から限定されない。

三　実体ということでわたしが解るのは、おのれのうちに在って、おのれを通して念われるもの、つまりその思念が形づくられる要件としてほかの物の思念を必要としないものである。

四　属性ということでわたしが解るのは、知性が実体についてその有りかたをつくり成していると覚知するものである。

五　様態ということでわたしが解るのは、実体の変容、言いかえれば他のうちに在って、それを通して念われもするものである。

六　神ということでわたしが解るのは、無条件に無限な存在者、つまり無限に多くの属性で成っている実体であり、その属性の一つ一つが永遠でかつ無限な有りかたを表現する。

説明

「無条件に無限な」とわたしは言い、「自己の類の中で」とは言わない。というのも、たんに自己の類の中で無限であるものは、何であれ、それについてわれわれは無限に多くの属性を否定できるからである。他方、無条件に無限であるものはといえば、その有りかたに、有りかたを表現し否定を何ら伴わないものが何でも属する。

七　独りおのれの自然の性の必然だけから実在し、みずから独りによってはたらくことへ決定されるような物は自由と言われる。他方、或るきまった決定された関係で実在し、為事《しごと》することへ、他から決定されるものは、必然なもの、あるいはむしろ強制されたものと言われる。

八　永遠ということでわたしが解るのは、永遠な物の定義だけから必然に出てくると念われるかぎりで、実在そのものである。

説明

じっさいそうした実在は、物の有りかたと同じように永遠の真理として念われ、そのために持続やまたは時間を通しては説明できないからである。持続が始まりと終りを除かれていると念われるとしても。

公理

一　在るものはすべて、おのれのうちにか、または他のうちに在る。

二　他を通して念うことのできないものは、おのれを通して念われなければならない。

三　決定された原因が与えられるとそれから必然に結果が出てくる。反対に、決定された原因が何も与えられなければ、結果が出てくるのは不可能である。

四　結果の認識は原因の認識に依存していて、それを伴う。

五　たがいのあいだで共通なものを何ももたないものどもは、またたがいを通して解り合えない。言いかえれば一方の思念は他方の思念を伴わない。

六　真の観念はその観念対象と一致しなければならない。

七　何であれ、実在していないと念われうるものは、その有りかたが実在を伴わない。

命題一

実体は自然の性からそのもろもろの変容よりもまえのものである。

論証

定義三と五から明白。

命題二

異なった属性をそなえている二つの実体は、そのあいだに共通なものを何ももたない。

論証

定義三から明白。というのもそれぞれがおのれのうちに在り、かつおのれを通して念われるはずであり、言いかえると、一方の思念は他方の思念を伴わないからである。

命題三

たがいに共通なものを何ももたないような物では、その片方がもう一方の原因であることができない。

論証

もしたがいのあいだで共通なものを何ももたないとしたら、まさに（公理五より）またたがいを通して解り合えず、よって（公理四より）片方がもう一方の原因であることができない。論証以上。

命題四

区別されている二つまたは複数の物のあいだでは、実体の属性の違いか、あるいはそれらの変容の違いから区別される。

論証

在るものはすべて、おのれのうちにか、または他のうちに在る（公理一より）。つまり（定義三と五より）知性のそとには実体もろもろとそれらの変容のほかには何も与えられない。だから知性のそとには、複数の物をそのあいだで区別させうるものとして、実体、同じことだが（定義四より）それらの属性と、またその変容のほかには何も与えられない。論証以上。

命題五

物の自然のうちには、(2) 同じ自然の性の、言いかえれば属性の、二つまたはもっと多くの実体は与えられることがありえない。

論証

もし複数の区別された実体が与えられるとしたら、それらがたがいのあいだで区別されるのは、属性の違いか、あるいは変容の違いからでなければならない（前の命題より）。もしただ属性の違いだけからならば、同じ属性の実体が一つよりほか与えられないことがまさに認められるであろう。対するに、変容の違いからだとすれば、実体は自然の性からしてその変容よりも先であるから（命題一より）、変容を捨て置き、それじたいで考察されるならば、つまり（定義三と公理六より）真に考察されるならば、他から区別されるとは念えないであろう。つまり（前の命題より）複数の実体は与えられえず、ただ一つだけが与えられうるであろう。論証以上。

命題六

実体は別の実体から産み出されることができない。

論証

物の自然のうちには、同じ属性の二つの実体は与えられることがありえない（前の命題より）。つまり（命題二より）たがいのあいだで共通の何かをもつ二つの実体は与えられることがありえない。よって（命題三より）一方が他方の原因であることはできず、言いかえるなら、別の実体から産み出されることがありえない。論証以上。

系

ここから、実体は別のものから産み出されることがありえないことが帰結する。なぜかといえば、公理一と定義三、五から明白なように、物の自然のうちには、実体もろもろとそれらの変容のほかには何も与えられないから。しかるに、実体によっては産み出されることができない（前の命題より）。ゆえに、実体は無条件に別のものから産み出されることがありえない。論証以上。

別の論証

このことはまた矛盾命題の背理からもっと簡単に論証される。なぜなら、もし実体が別のものから産み出されうるとしたら、その認識はそれの原因の認識に依存しなければならない（公理四より）。よって（定義三より）実体ではなくなるからである。

命題七

実体の自然の性には実在することが属する。

論証

実体は他のものから産み出されることがありえない（前の命題の系より）。そこで、自己原因であろう。ということは（定義一より）それの有りかたは必ず実在を伴う。言いかえれば、その自然の性には実在することが属する。論証以上。

命題八

どんな実体も必ず無限である。

論証

ある属性の実体は一つよりほか実在せず（命題五より）、その自然の性には実在することが属する（命題七より）。したがってその自然の性にはまるのは、有限なものとして実在するか、無限なものとして実在するか、であろう。だが有限ではない。なぜならその場合（定義二より）同じ自然の性の他のものから限定されなければならないことになり、こちらもまた必ず実在しなければならないであろう（命題七より）。よって同じ属性の二つの実体が与えられることになろうが、それは辻褄が合わないからである（命題五より）。実体が実在するのはしたがって無限なものとしてである。論証以上。

備考一

「有限である」とは、ことの真相は或る自然の性の実在を一部分否定することであり、「無限である」とはその無条件の肯定であるから、命題七だけからして、どんな実体も無限でなければならないことがまさに出てくる。

備考二

ものごとについてまぜこぜになった判断をし、物をその第一の原因を通して識ることに慣らされてきていないすべての人にとって、命題七の論証を念うのが困難であることをわたしは疑わない。もちろんそれはかれらが実体の変容態と実体そのものとを区別せず、物がどのように産み出されるかを知らないからである。そこからかれらは、自然のものごとにあるのをみとめる始まりを、諸実体に負わせるということが生じる。じっさい、ものごとのほんとうの原因に無知な者はあらゆるものを一緒くたにし、精神に何のひっかかりもなく、人間と同様に木々が話しているところを頭に描き、また人間が精子からと同様に石からつくられたり、どんな形であれ、それが別のどんなものにも変じたりすると想像するからである(3)。このようにまた、神の自然の性を人間のそれと一緒くたにする者は、簡単に人間的な感情を神に割り振る。わけても、どのようにもろもろの感情が精神のうちに産み出されるのかということにも無知なうちは。

他方、もし人びとが実体の自然の性に注意を向けるならば、命題七の真理に関してみじんも疑わないであろう。それどころか、この命題はすべての者にとって公理となり、共通概念に算え入れられるであろう。なぜかというと、実体ということでかれらが解るのは、おのれのうちに在って、おのれを通して念われるもの、つまりそれを認識するのにほかの物の認識を必要としないもの、となるだろう。対するに、変容態とは、他のうちに在って、その思念はそれらが宿る物の思念から形づくられるものとなるだろうから。それゆえに、実在していない変容態の真の観念をわれわれはもつことができる。知性のそとでは現実として実在しないとしても、それらの有りかたはそれでも別のもののうちに包み懐《いだ》かれ、このものを通して念われうるからには。だが、実体の真理は、実体がおのれを通して念われるがゆえに、知性のそとでは、それらみずからのうち以外には無い。だからもしだれかが「実体の明晰判明な、つまり真の観念をもつが、にもかかわらずそうした実体が実在するかどうか異《あや》しむ」と言うとすれば、「真の観念をもつが、にもかかわらずそれが偽かと疑う」と言うのと、お天道様にかけても、同じことになろう（注意の行き届く者には十分に顕《あらわ》になるように）。もしくは、だれかが「実体は創造される」と主張するとすれば、それとともに「偽である観念が真の観念になった」(4)と主張しているのであり、これより辻褄の合わないことは正真正銘何も念えない。よって、実体の実在は、その有りかたと同じように、永遠の真理であるということが必ず認められるべきなのである。

そうしてここからわれわれは、同じ自然の性のそれがただ一つしか与えられないことを別のしかたで結論できるが、それをここで示すことは手間に価すると判断した。さて、これを整然と果すためには次の点に注意すべきである。

一、一つ一つの物の真の定義は、定義された物の自然の性のほかには何も取り込まず、また表現もしない。

二、ここから出てくることとして、どんな定義も個体に関して何らかきまった数を取り込まないし、表現もしない。定義は定義された物の自然の性以外に何も表現しないから。たとえば、三角形の定義は三角形の単純な本性のみを表現し、或るきまった数の三角形を表現はしない。

三、注意すべきこととして、実在している一つ一つの物には、実在する何らかきまった原因が必ず与えられる。

四、おしまいに注意すべきこととして、或る物が実在するゆえんであるこの原因は、その自然の性そのものと実在している物の定義とのうちに含まれているか（むろんその自然の性に実在することが属するということで）、あるいはそのもののそとに与えられなければならない。

これらを認めると、こういうことになる。もし自然のうちに何らかきまった数の個体が実在するとすれば、なぜそれらの個体が実在するのか、またなぜ実在するものがそれより多くも少なくもないのかという原因が必ず与えられなければならない。たとえば物の自然のうちに二十人の人間が実在するとすれば（明快にするため、この人間たちが同時に実在し、先立って自然のうちには別の者たちが実在しなかったと仮定する）、人間の自然の性一般に通じる原因を示すのでは足りず（言うまでもなく、なぜ二十人の人間が実在するのかというわけを述べるためにはである）、その上になぜ実在するのが二十人よりも多かったり少なかったりしないのかという原因を示すことが必要となろう。なぜなら（注意三より）一人一人についてなぜ実在するのかという原因が必ず与えられなければならないからである。ところがこの原因は、（注意二と三より）人間の真の定義が二十という数字を取り込んでいない以上は、人間の自然の性そのもののうちに含まれていることはありえない。よって（注意四より）なぜこれら二十人が実在するのかという原因、したがってなぜ一人一人が実在するのかという原因は、必然のこととして、一人一人のそとに与えられなければならず、ために締めくくりとしてこう結論されるべきである。なべて個体が複数実在しうる自然の性のものは、実在するために必ずその原因をもたなければならない、と。

他方、実体の自然の性には（この備考ですでに示されたことにより）実在することが属するから、その定義は必然の実在を取り込んでいなければならず、結果としてその定義だけからそのものの実在が結論されなければならない。ところがそれの定義からは（すでに注意二と三からわれわれが示しているように）複数の実体の実在は出てきえない。ゆえにそこから必然のこととして、提起されたとおりに、同じ自然の性のそれがただ一つのみ実在するということが出てくる。

命題九[5]

物としての性格[6]、または有ることを、物それぞれが多くもつほどに、そのものにはそれだけ多くの属性があてはまる。

論証

定義四から明白。

命題一〇

ある実体の属性一つ一つはおのれを通して念われなければならない。

というのも、属性は、知性が実体についてその有りかたをつくり成していると覚知するものであり（定義四より）、よって（定義三より）おのれを通して念われなければならない。論証以上。

備考

これらから次のことが見えてくる。たとい二つの属性が物として区別されていると念われるとしても、つまり一方が他方の援《たす》けなしに念われるとしても、そこからそれらが二つの有るもの、言いかえれば二つの異なった実体をつくり成すとわれわれは結論できない。実体の属性の一つ一つがおのれを通して念われることは、実体の自然の性にはまるからである。実体がもつすべての属性はともにつねにその中に在ったし、一が他から産み出されることはできなかった。それどころかそれぞれが実体の物としての性格と有ることを表出しているのだから。であるからして、一つの実体に多くの属性を割り振るのは、背理とは程遠い。かえって、自然のうちでは、一つ一つの有るものが何らかの属性のもとで念われなければならず、それが物としての性格、または有ることを、多くもつほどに、必然、言いかえるなら永遠、と無限とを表現するそれだけ多くの属性をもつということほど明らかなことはない。結果として、無条件に無限な存在者は、（定義六でわれわれが述べておいたように）一つ一つが永遠かつ無限な或るきまった有りかたを表現する無限に多くの属性で成る存在、と必ず定義されるべきであるということほど明らかなこともまたない。それに対してこんどは、いったいどんな徴《しるし》によってわれわれはもろもろの実体の違いを識別できるのかと問う人がいるなら、以下の命題を読んでくれるように。それらで示されるのは、物の自然のうちにはただ一つの実体しか実在せず、それは無条件に無限であるということである。こういうわけで、その徴なるものは求めたところで無駄ということになるだろう。

命題一一

神、言いかえるなら、永遠でかつ無限な有りかたをそれぞれに表現する無限に多くの属性で成っている実体は、必ず実在する。

論証

もし否認するなら、神が実在しないことが起りえるか念ってみよ。そうなると（公理七より）、その有りかたは実在を伴っていない。しかるにこのことは（命題七より）背理である。ゆえに神は必ず実在する。論証以上。

別の論証

どの物にも、それが実在する原因や理由か、実在しない原因や理由かが挙げられなければならない。たとえばある三角形が実在するとすれば、なぜそれが実在するかという理由、原因が与えられなくてはならない。反対に実在しないとすれば、やはり実在させないような、言いかえればそれから実在を奪い去るような理由あるいは原因が与えられなくてはならない。

ところでこの理由、言いかえるなら原因は物の自然の性のうちに含まれているか、あるいはそのそとに含まれているかでなくてはならない。たとえば、なぜ四角い円が実在しないかという理由は、それの性状そのものが指し示す。むろんそれが矛盾を伴うからである。逆に、なぜ実体が実在するかということは、実体の自然の性が言うまでもなく実在を伴うために（命題七を見よ）、やはりその自然の性だけから出てくる。ところがある円とか三角形がなぜ実在するか、あるいはなぜ実在しないかという理由は、それらの自然の性からは出てこず、物体の性質を帯びた自然全体の次第から出てくる。じっさいそこから、いまある三角形が必然に実在するか、またはいま実在するのが不可能であるかが出てこなければならないからである。してみれば、これらはそれじたいで顕になっている。

これらから出てくるのは、実在させないような理由や原因が何ら与えられないものは必然のこととして実在するということである。こうして、神を実在させないような、あるいはその実在を奪い去るような理由や原因が何も与えられることができなければ、神は必ず実在すると完璧に結論されるべきである。

ところで、そうした理由、言いかえるなら原因が与えられるとすれば、それは神の自然の性そのもののうちにか、またはその自然の性のそと、つまり他の自然の性をそなえる別の実体のうちに与えられなければならないであろう。なぜかといえば、もし同じ自然の性のものなら、まさにそれによって神の与えられることが認められるであろうから。ところが、他の自然の性にはいる実体は神とは共通なものを何ももたず（命題二より）、よって神の実在を据えることも奪い去ることもできない。そうすると神の実在を取り去る理由もしくは原因は神の性のそとには与えられることができないから、じっさい神が実在しないとすれば、必然的に理由や原因はその自然の性そのもののうちに与えられなければならなくなり、その性がそのために矛盾を伴うことになるであろう。しかるに、無条件に無限でもっとも完全な存在者についてこれを主張するのは、理に合わない。それゆえ、神のうちにも神のそとにもその実在を奪い去るいかなる原因も理由も与えられず、したがって神は必ず実在する。論証以上。

別の論証

実在しないことが可能であるのは力の無さであり、反対に実在できることは力である（それじたいで知られるように）。そこでもしいま必ず実在するものが有限な存在者以外ではないとすれば、まさに有限な存在者が無条件に無限な存在者よりも力をもつ。そしてこれは（それじたいで知られるとおり）背理である。ゆえに、何も実在しないか、あるいは無条件に無限な存在者もまた必ず実在するか、ということである。しかるに、われわれはわれわれのうちにか、あるいは必ず実在する別のもののうちに実在する（公理一と命題七を見よ）。それゆえ無条件に無限な存在者、つまり（定義六より）神は必ず実在する。論証以上。

備考

この最後の論証でわたしは、神の実在をア・ポステリオリに示そうとした。それは論証がいっそう簡単に見てとられるためにしたことであり、この同じ基礎から神の実在がア・プリオリに帰結しないからというわけではなかった。なぜなら実在できることが力であるからには、或る物の自然の性に物としての性格が多くあてはまるほどに、実在するためにそれだけ多くの勢いを自身でそなえることが出てくる。よって、無条件に無限な存在者、言いかえれば神は実在する絶対に無限の力を自身でそなえることが出てきて、そのために無条件に実在するからである。

それでも多くの人たちはたぶんこの論証の明証さを容易には見ることが叶わないだろう。それは、かれらがそとの原因から流れ出てくるような物だけを眺めることに慣らされているためである。そしてこのうち、すばやく生じる、つまり易々《やすやす》と実在するものは、やはり易々と滅びるのを見、反対に、多くのものがそこに属すると念われるような物は生じるのがもっとむずかしい、つまり実在するのがそれほど簡単ではないと判じている。だが、この人たちがこれらの先入見から解き放たれるようにするために、**すばやく生じるものはすばやく滅びる**という立言がどんな点で真なのかをわたしがここで示す必要はないし、また全自然を考慮してすべてが等しく簡単かそうでないかを示す必要もやはりない。わたしがここで語っているのは、そとの原因によって生じる物についてではなく、ただ諸実体についてであり、それは（命題六より）そとの原因によっては産み出されることができないということだけに注意を促せば足りる。じっさい、そとの原因によって生じる物は、多くの部分で成っていようとわずかな部分で成っていようと、完全さ、言いかえれば物としての性格についていてそなえる何もかもいっさいをそとの原因の活力に負っていて、よって、それらの実在はただそとの原因の完全さだけから由来し、みずからのそれには由来しないからである。対するに、実体が完全さについてそなえるものは何であれ、いかなるそとの原因にも負っていない。だからその実在もその自然の性だけから出てこなければならず、実在はしたがってそれの有りかたにほかならない。こういうしだいで、完全さは物の実在を奪い去らずに、むしろ逆に据え、不完全さのほうは反対にそれを奪い去る。よってわれわれはいかなる物の実在についても、無条件に無限な、言いかえると完全な存在者、つまりは神の実在ほどには、確かであることができない。なぜかといえば、神の有りかたはいっさいの不完全さを締め出し、無条件の完全さを伴う以上、まさにそのことによってそれの実在について疑う原因いっさいを奪い去り、それについてこの上ない確実さを与えるからなのである。これはほどほどに注意する者になら見通されるであろうと信ずる。

命題一二

実体が分割されうることが出てくるような実体の属性というものは真には念うことができない。

論証

というのもこのように念われた実体が分割されるという部分は、実体の自然の性を保つか保たないかどちらかであろう。初めの場合には各部分は（命題八より）無限で、（命題六より）自己原因でなければならず、（命題五より）別々の属性から成らねばならないであろう。よって一つの実体からもっと多くのものがつくり成されうることになるが、これは（命題六より）辻褄が合わない。加えて、部分は（命題二より）全体と共通なものを何ももたないであろうし、全体は（定義四と命題一〇より）その部分なしに在りかつ念われうるであろうが、それが理屈からはずれていることはだれも疑いえないであろう。他方二番目、すなわち部分が実体の自然の性を保たないことを想定するならば、まさに、実体全体は同様な部分に分たれるから、実体の自然の性を失い、在ることをやめるであろうが、それは（命題七より）背理だから。

命題一三

無条件に無限な実体は不可分である。

論証

というのも、分割可能であるとしたら、分たれる部分は無条件に無限な実体の自然の性を保つか保たないかどちらかであろう。第一の場合にはまさに、同じ自然の性をもつもっと多くの実体が与えられることになるが、それは（命題五より）背理である。第二の場合を想定するならば、まさに（上述のごとく）無条件に無限な実体が在ることをやめうることになるが、それは（命題一一より）やはり背理だからである。

系

これらから、いかなる実体も、したがっていかなる物体の性質を帯びた実体も、実体であるかぎり、分割されないことが出てくる。

備考

実体が不可分であることはただ次の点だけからもっと単純に解る。実体の自然の性は無限としか念えず、実体の部分ということで解りえるのは有限な実体以外ではないが、それは（命題八より）顕な矛盾を含意する。

命題一四

神を除いて、いかなる実体も与えられることができず、また念われることもできない。

論証

神とは、実体の有りかたを表現するいかなる属性も否定されることが不可能な、無条件に無限な存在者であり（定義六より）、必ず実在するから（命題一一より）、もし何らかの実体が神のほかに与えられるとすれば、それは神の何らかの属性を通して説明されなければならないであろうし、そのようにして同じ属性の二つの実体が実在するであろうが、それは（命題五より）背理である。よって、神のほかには、いかなる実体も与えられることができず、したがってまた念われることもできない。何となれば、念われうるとしたら、必ず「実在している」と念われなければならないであろうから。しかるにこれは（この論証の最初の部分よりして）背理だから。それゆえ、神のほかにはいかなる実体も与えられることができず、また念われることもできない。論証以上。

系一

ここから次が明晰この上なく出てくる。第一。神は唯一である、つまり（定義六より）物の自然のうちには一個の実体しか与えられず、それは無条件に無限であること。命題一〇の備考でわれわれがすでにほのめかしておいたように。

系二

帰結の第二。広がっている物、および思う物は神の属性であるか、あるいは（公理一より）神の属性の変容であること。

命題一五

在るものは何であれ神のうちに在り、何も神なしでは在ることができないし、また念われることができない。

論証

神を除いて、いかなる実体も（命題一四より）、つまり（定義三より）おのれのうちに在って、おのれを通して念われる物は、与えられず、念われることができない。それに対して様態は（定義五より）実体なしでは在ることと念われることができない。このためにこれはただ神の自然の性のうちだけに在りえるし、その自然の性だけを通して念われうる。しかるにもろもろの実体と様態を除いては何も与えられない（公理一より）。だから、何も神なしでは在ることができないし、また念われることができない。論証以上。

備考

神が人間と同等に体と精神とから成っていて、情念の受動に服すると頭に描く者がいる。が、この者たちが神の真の認識からどれほど遠く離れているかは、すでに論証されたことにより十分確かめられている。けれどもこの者たちのことはやり過す。神の自然の性をどのようにか観想した者はみな、神が物体のようなものであることを否認するからである。加えてそのことをかれらは次の点から一番うまく証明する。物体ということでわれわれが解るのは、何であれ、長さと広さと奥行きをもち、きまった何らかの外形で限られた量であって、神、むろん無条件に無限な存在に関して、これよりも不条理なことは言われることができないというのである。しかしながらそうする中でかれらは、まさにこのことの論証に力《つと》める別の諸理由から、物体の性質を帯びた、言いかえれば広がっている当の実体を神の自然の性からすっかり引き離し、神から創造されたものと見立てていることをはっきり見せている。他方、どんな神の力からそれが創造されることができたのかということには、かれらはまったく無知である。それは、かれらが自分の言うことが解っていないことをはっきり示している。

わたしは、みずから判ずるところではだが、いかなる実体も別のものから産み出される、もしくは創造されることができないことを、ともかく満足ゆくほどには明晰に論証している（命題六の系と命題八備考二とを見よ）。また、命題一四でわれわれは、神を除いて、いかなる実体も与えられることができず、また念われることができないことを示した。そうしてここから広がっている実体が神の無限に多くの属性のうちの一つであると結論した。だが、いっそう説明を尽くすために、わたしは論敵たちの論拠を駁することにしよう。そのいっさいは次の点に戻り着く。

第一に、物体の性質を帯びた実体が、かれらの考えるところでは、実体として部分から成るということであり、そのゆえにかれらはそれが無限でありうること、結果として神に属しうることを否定する。そしてこのことが多くの例で説明されるのだが、そのうちの一、二を引こう。

曰《いわ》く、物体の性質を帯びた実体が無限であるとすれば、二つの部分に分けられると念われる。それぞれの部分は有限であるか、あるいは無限であることになる。有限ならば、まさに無限が二つの有限な部分から成ることになって、それは理屈に合わない。無限の場合はまさに、別の無限よりも二倍大きな無限が与えられることになり、これもまた理屈に背く。

さらに、無限の量が足《フート》の大きさに相当する部分で測られるならば、それは無限に多くのそうした部分で成るはずであろう。指幅《インチ》に等しい部分で測られる場合にも同じようになる。そのためにある無限数が別の無限数よりも十二倍大きいことになるだろう。

おしまいに、無限のなにがしかの量〔的な広がり〕の一つの点から、初めは或る決定された〔限られた〕距離で隔てられたAB、ACのような二本の線が無限に延ばされることが念われる場合、BとCのあいだの隔りは連続的に増し、ついには決定された〔限られた〕ものから決定〔限定〕できないものになることが確かである。

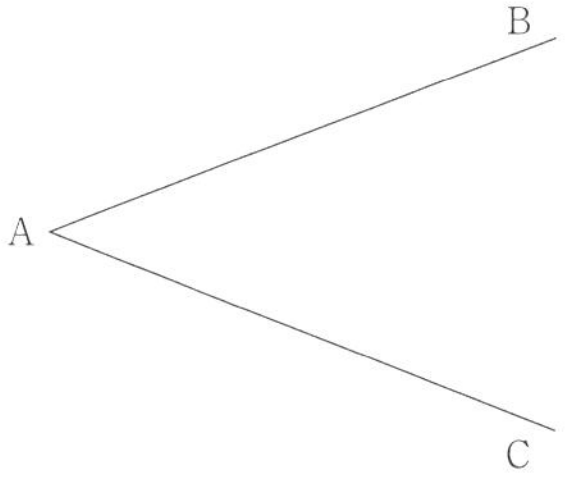

かれらの見積るところでは、これらの背理は無限の量を想定することから出てくるので、そこから物体の性質を帯びた実体が有限でなければならず、結果として神の有りかたには属しないと結論されるわけである。

第二の論拠は神のこの上ない完全さからも引き出される。というのも、言うところによれば、神は最高に完全な存在者であるので、はたらきを被ることがありえない。しかるに物体の性質を帯びた実体は分割可能であるからには、はたらきを受けうる。ゆえに、それは神の有りかたに属しないという帰結になる(7)。

こういったものが著者たちの中でわたしが出遭った議論であり、これらでもって、物体の性質を帯びた実体が神の自然の性に似つかわしくなく、それに属しえないことを示そうと力めている。しかしながら、ただしく注意をするなら、わたしがもうこれらに答えてしまっていることを見出すだろう。なぜなら、これらの論拠は物体の性質を帯びた実体が部分から成ると想定することだけに基礎を置くが、それが理に反することをわたしはもう示したからである（命題一二と併せて命題一三系）。それから、もしもだれか事柄をただしく熟慮しようと志すならば、広がった実体が有限であると結論したい由来になっている、これらの理屈に合わないことといっさいは（いまはあげつらわないが、ともかくみんな理屈に合わないなら）、けっして無限の量という仮定からではなく、かえって無限の量が測りうるもので、有限な部分から寄せ集まっているという想定からの帰結であることを見てとるだろう。そこで、この想定により出てくる背理から結論できるのは、「無限の量が測りえず、有限な部分の寄せ集めではありえない」ということ以外にはない。そしてこれはわれわれがさきに（命題一二ほか）もう論証しておいたまさにそのことである。だから、かれらがわれわれを狙って投げる槍はじつのところはかれら自身に向けられているのである。

そうするとこの人たちが、言うところのこの背理からそれでも、広がった実体が有限でなければばならぬと結論しようとするならば、それはお天道様に誓って、円が四角形の特性をそなえると仮構し、それにもとづいて、一点から円周に対して引いたすべての線の長さが等しくなるような中心を円がもたないと結論する場合と異ならない。というのも、物体の性質を帯びた実体は無限、唯一、不可分としか念えないが（命題八、五、一二を見よ）、かれらはそれが有限であると結論するために、有限な部分から寄せ集まり、複合されていて、分割されうると念うわけだから。

同じようにまたこういう者たちもいる。それは、線が点から成ると頭に描いたうえで、線が無限には分けられえないことを示す多くの論拠を見つけるすべを心得ているというたぐいである。そしてじじつ、物体の性質を帯びた実体が諸物体、言いかえれば部分から成ると主張するのは、物体が面から、面が線から、おしまいに線は点から成ると主張するのに劣らず理屈に合わないのである。

そうしてこのことは、明晰な理性の分別が誤りと無縁であることを知っている者ならみな、わけても空虚が与えられることを否定する人びとであれば、承認しなければならない。そのわけはこうである。もし物体の性質を帯びた実体が、部分部分が物として区別されるように分割されうるとすれば、いったいなぜある部分が、残りの諸部分はまえと同じようにたがいに結合されたままで、無くされることができないのか。またなぜすべてのものが空虚が与えられないように噛み合っていなければならないのか、ということになるからである。物としてたがいに区別されている物どもでは、掛値なしに、あるものは他がなくても在りえ、またおのが状態にとどまりうる。さて、空虚は自然のうちに与えられず（これについては別に扱う(8)）、すべての部分が空虚の与えられないように協働しなければならないので、ここから部分が物としては区別できないこと、つまり物体の性質を帯びた実体が実体であるかぎりは分割できないこともまた出てくる。

にもかかわらずここで、なぜわれわれは性来かくも量を分割するように傾くのかと問われるなら、それには次をもって答とする。量はわれわれにより二通りのしかたで念われる。すなわち抽象的に〔原因から切り離して〕、言うなら表面的に、われわれがそれを想像で描くとおりに。または実体として念われるが、これは独り知性だけによって行われる。そこで、もしわれわれが想像のうちに在るような量に留意するなら、これはよくいとも簡単になされるが、量は有限、分割可能、部分が寄せ集まったものと見てとられるだろう。それに対して、知性のうちに在るとおりの量に注意を向けて、実体であるかぎりの量を念うとすれば、なすのに困難をきわめることだが、その場合にはもうわれわれが十分論証しておいたように無限で単一、分割できないものとして見出されるであろう。

これは想像力と知性を区別するすべを心得ている人ならだれにでも十分顕なことだろう。特に、物質が到るところで同じものであって、その中の部分が区別されるのは物質がさまざまなしかたで影響を受け変容していると念うかぎりでであり、ここから物質の部分は様態としてのみ区別され、物としては区別されないということに留意をするならば、そうなろう。例を出せば、水は水であるかぎりなら分割され、その部分はたがいに分れるとわれわれは念う。だが物体の性質を帯びた実体であるかぎりではそうではない。じっさいそのかぎりでなら引き離されないし、分割されないのだから。加えて、水は水としては生成し消滅する。ところが実体としては生成も消滅もしない。

以上でわたしは〔論敵たちの〕二番目の論拠にも答えたとみなす。その論拠もまた、物質が実体として分割可能であり、部分から寄せ集められているという点にもとづけられているからである。またこういうことではないとしたところで、なぜそれが神の自然の性に似つかわしくないのかわたしには知る由がない。（命題一四より）神のそとには神の自然の性がそれからはたらきを被るような実体は何も与えられることがありえないのだから。言うならば、すべては神のうちに在って、生じるものはみな神の無限な自然の性の法則のみを通して生じ、（まもなく示すように）その有りかたの必然から出てくる。だから、神が別のものからはたらきを受けるとか、または広がった実体が神の自然の性にふさわしくないとかは、どんなわけでも言えない。分割されうると想定されたところで、永遠かつ無限と認められさえするならば。しかしこうしたことに関してはいまのところは十分である。

命題一六

神の自然の性の必然から無限に多くのものが無限に多くのしかたで（つまり無限な知性のもとにおさまりうるすべてのものが）出てこなければならない。

論証

この命題は次のことに注意を向けさえすれば、だれにも顕なはずである。どんな物についてであれ、与えられた定義から知性は、じじつその定義（つまり物の有りかたそのもの）から必ず帰結する数ある特性を結論する。そしてその数は、物の定義が表出する物としての性質がいっそう多ければ、つまり定義された物の有りかたが伴う物としての性質がいっそう多ければ、それだけ多い。ところで、神の自然の性は絶対無限数の属性をそなえ（定義六より）そのそれぞれもまたおのれの類の中で無限な有りかたを表現するから、まさにその性の必然から無限に多くのものが無限に多くのしかたで（つまり無限な知性のもとにおさまりうるすべてのものが）必ず出てこなければならない。論証以上。

系一

ここから出てくるのは、神が無限な知性のもとにおさまりうるすべての物の作用原因であるということである。

系二

帰結の第二。神は自己自身による原因であって、偶然による原因ではない。

系三

帰結の第三。神は無条件に第一原因である。

命題一七

神はおのれの自然の性の法則だけからはたらき、だれからも強いられてはたらくことがない。

論証

神の自然の性の必然だけから、あるいは（同じことだが）その自然の性の法則だけから、無条件に無限に多くのものが出てくることをたったいま命題一六でわれわれは示した。命題一五では、何も神なしでは在ることも念われることもできず、すべてが神のうちに在ることを論証した。だから神のそとには、神がそれによってはたらくことへ決定され、あるいは強いられるようなものは何も在りえない。こうして神はおのれの自然の性の法則だけからはたらき、だれからも強いられてはたらくことがない。論証以上。

系一

ここからの帰結の第一。神の自然の性の完全さを除いて、神をそとからあるいはうちから、はたらくことへ駆る原因は何も与えられない。

系二

帰結の第二。神独りが自由原因である。じっさい神独りがおのれの自然の性の必然だけから実在し（命題一一と命題一四系一より）、その自然の性の必然だけからはたらくからである（前の命題より）。よって（定義七より）独り自由原因である。論証以上。

備考

神が次のようなわけで自由原因であるとみなす人たちもいる。かれらが考えるところでは、神の自然の性から出てくるとわれわれの言ったもの、つまり神の能力のうちにそなわることを、神は生じないように、言いかえれば神自身によって産み出されないようにすることができる。けれども、これはあたかも神が、三角形の本性からその三つの角が二直角に等しいことが出てこないようにできる、別言すると与えられた原因から結果が出てこないようにできると言うのと同じであって、背理である。

さらに進んでこの先わたしはこの命題の援けを得ないで、神の自然の性には知性も意志も属しないことを示すことにしよう。わたしにしたって、神の自然の性に最高の知性と自由な意志とが属することを論証できると考える者が数多《あまた》いることは知っている。というのもかれらは、神のものとできるもので、われわれのうちで最高の完全さをなすものよりも完全なものを何も認識しないと考えているからである。加えて、かれらは神を現実にこの上なく知性で解っている者と念うにもかかわらず、神は現実に解るすべてを実在するようにはできないと信じている。そうしてしまえば、神の力をそこなうとみるからである。かれらの言いぐさでは、もし神がその知性のうちに在るすべてを創造してしまった場合には、それ以上何も創造できなくなったであろうが、それは神の全能と相容れないと信じるのである。そのためにかれらはむしろ、神がすべてに対して無関心で、なにがしかの絶対の意志で創造すると決めたもの以外には創造しないという見解に立つほうを好んだ。

だがわたしは、神の最高の力、言いかえれば無限の自然の性から、無限に多くのものが無限に多くのしかたで、つまりすべてが必ず流れ出た、あるいはいつでも同じ必然で、三角形の本性からその三つの角が二直角に等しくなることが永遠から永遠にわたって出てくるのと同じようにして出てくるということを、十分明らかに示したと考える（命題 六を見よ）。だから、神の全能は現実態として永遠の昔から在ったわけだし、また永久に同じ現実のままであろう。このようにして神の全能は、少なくともわたしの判ずるところでは、はるかに完全に据えられる。

それどころか反対者たちは（率直に言ってさしつかえなければ）神の全能を否定するように見える。というのもかれらは、神が無限に多くの創造可能なものを知性で解り、それでもそれらをけっして創造できないだろうということを認めるように強いられるからである。そうでなく、もし解るものをみな創造する場合には神は、かれらにしたがえば、その全能を使い尽し、おのれを不完全なものにすることになるからである。そうすると神を完全なものとして立てるためには、神がその力のゆきわたるすべてを果しえないという見解を同時にとらなければならない羽目に追い込まれるわけだが、これよりもばかばかしい、または神の全能にそぐわない、どんなことを頭で考え出せるか、わたしには見当がつかない。

次に、われわれが通例神のものとしている知性と意志についてここでも何かを言うとすると、もし神の永遠の有りかたに知性と意志が属するとしたら、このどちらの属性も人びとが俗に慣わしとしているのとはどうしたって別のものと解されなければならない。なぜかといえば、神の有りかたをつくり成すような知性と意志なら、われわれの知性や意志とは天と地ほど異ならなければならず、名前を別にすればどんな事柄でも一致できないだろうからである。それは、星座の犬と吠える動物の犬とが一致しないのと異なるところがない。このことをわたしはこう論証する。もしも知性が神の自然の性に属するとしたら、自然の性の上でそれはわれわれの知性のように解る物よりも後れたり（たいていの人が受け容れるごとく）、あるいはそれと同時だったりすることはありえないことになる。神はあらゆる物に因果の面で先立つからである（命題一六系一より）。かえってあべこべに、真理と物の形としての有りかたとは、神の知性のうちに〔観念の表す〕対象というありかたでそのように実在するために、そうしたものになっているわけである。(9)

だから神の知性は、神の有りかたをつくり成すと念われるかぎりでは、じつに諸物の有りかた、ならびに実在の原因である。このことは、神の知性と意志と力とが一つの同じものであると主張した人々も目に留めていたようである。そこで神の知性は物の、もちろん（示したとおり）それらの有りかた、ならびに実在の、唯一の原因であるので、その知性は有りかたの点でも実在の点でもそれら物とは必ず異ならなければならない。なぜならば、原因から惹き起されたものはまさしく原因によってもっているものにおいてその原因と異なるからである。たとえば、人間は別の人間の実在の原因であるけれども、有りかたの原因ではない。有りかたは永遠の真理だからであり、そのために人間は有りかたに関しては確かに一致できる。だが実在することでは異ならなければならない。このため、一人の実在が滅するとしても、それで別の者の実在が滅しはしないだろう。けれどももし一人の有りかたが破壊されて偽となりうるとすれば、別の者の有りかたもまた破壊されるであろう。こういうわけで、或る結果の有りかたと実在の原因である物は、その結果とは有りかたの点でも実在の点でも異ならなければならない。しかるに神の知性はわれわれの知性の有りかたと実在の原因である。ゆえに、神の知性は、神の有りかたをつくり成すと念われるかぎりでは、われわれの知性とは有りかたの点でも実在の点でも異なり、われわれが主張したとおり、名前を別にすればどんな事柄でもこれと一致することはありえない。だれでも簡単に見てとれるように、意志をめぐっても同じように論を進められる。

命題一八

神はあらゆる物の内在原因であって、他動原因ではない。

論証

すべて在るものは神のうちに在り、神を通して念われなければならない（命題一五より）。よって（命題一六系一より）神は自身のうちに在る物の原因である。これが第一点。次に、神のそとにはいかなる実体も与えられることができない（命題一四より）。つまり（定義三より）神のそとでおのれのうちに在る物は与えられることができない。これが二点目だった。神はだからすべての物の内在原因であって、他動原因ではない。論証以上。

命題一九

神、言いかえれば神のすべての属性は永遠である。

論証

というのも神は（定義六より）実体であり、それは（命題一一より）必ず実在する。つまり（命題七より）その自然の性に実在することが属し、言いかえれば（同じことであるが）その定義からそれの実在することが帰結する。よって（定義八より）永遠である。それから神の属性ということで解るべきであるのは、（定義四より）神の性をそなえた実体の有りかたを表現するもの、つまりは実体に属するものである。その当のものを、言うならば、属性自身が取り込んでいるはずである。しかるに実体の自然の性には（命題七からいま論証したとおり）永遠が属する。ゆえに属性のそれぞれが永遠を伴うはずであり、よってすべてが永遠である。論証以上。

備考

この命題は神の実在を論証したしかた（命題一一）からも明晰この上なく明かされている。言うなら、その論証からは神の実在がその有りかたと同じように永遠の真理であることが確立されるからである。それから、別のしかたでもわたしは神の永遠を論証しているが（「デカルトの哲学原理」〔第一部〕命題一九）、それをここで繰り返す必要はない。

命題二〇

神の実在と神の有りかたは一つの同じものである。

論証

神と（前の命題より）そのすべての属性は永遠であり、つまり（定義八より）その属性一つ一つが実在を表現する。だから（定義四より）神の永遠な有りかたを説明する神の当の諸属性が同時に神の永遠な実在を説明する。つまりは神の有りかたをつくり成すそのものが同時に神の実在をつくり成すわけで、よってこの実在と神の有りかたとは一つの同じものである。論証以上。

系一

ここからの帰結の第一。神の実在はその有りかたと同じように永遠の真理である。

系二

帰結の第二。神、言いかえれば、神のすべての属性は不変である。なぜなら、もし実在の点で変化するとしたら、(前の命題より)有りかたの点でもまた変化しなければならず、つまり(おのずと知られるように)真なるものから偽なるものが生じなければならないであろうが、それは背理だからである。

命題二一

神の或る属性の無条件な自然の性から出てくるすべては、いつも、また無限なものとして実在しなければならなかった。言いかえるならそれらは当の属性を通して永遠かつ無限である。

論証

(じっさいにあなたがこれを否定するなら)神の或る属性のうちにその属性の無条件な自然の性から、有限であって、決定〔限定〕された実在、言いかえれば持続をもつような何か、例として「思いのうちに神の観念」が出てくることが起りうる場合を念ってみよ。さて「思い」は、神の属性と想定されているから、必然に(命題一一より)おのれの自然の性によって無限である。

だが思いは「神の観念」をもつかぎりでは有限と仮定されている。ところが（定義二より）それは当の思いを通して決定されるのでなければ、有限と念われることはできない。しかし、「神の観念」をつくり成すかぎりでの思いそのものを通してではない。そのかぎりで思いは有限であると仮定されているからである。だからそれは「神の観念」をつくり成さないかぎりでの思いを通して決定されなければならず、こちらはといえば（命題二一より）必ず実在しなければならない。そうすると「神の観念」をつくり成していない思いが与えられ、こういうわけで、無条件の思いであるかぎりでのその自然の性から「神の観念」が出てこないことが必定である。[10]（というのも「神の観念」をつくり成し、かつつくり成さないと念われるから。）これは仮定に反する。だから、もし「神の観念」が「思い」のうちに、または何かが（この論証は普遍的であるから、何を例に択ぼうと同様である）神の或る属性のうちに、当の属性の無条件な自然の性の必然から出てくるとすれば、そのものは必ず無限でなければならない。これが第一の点だった。

次に、或る属性の自然の性の必然からこういうふうに出てくるものは決定〔限定〕された実在、言いかえれば持続をもつことができない。なぜかといえば、これを否定するなら、或る属性の自然の性の必然から出てくる物が神の或る属性のうちに与えられると想定され、例を「思いのうちの神の観念」とすると、それがかつてあるとき実在しなかった、あるいは実在しなくなるであろうと想定されることになる。ところで「思い」は神の属性と想定されているので、必ず、不変のものとして実在しなければならない〔命題一一と命題二〇系二より〕。したがって、「神の観念」（かつて実在しなかったか、または実在しなくなるだろうと想定されているから）が持続する境を越えたところでは思いは神の観念を伴わずに実在しなければならないことになる。しかるにこのことは仮定に反する。思いが与えられると、神の観念が必ず出てくると想定されているから。ゆえに、「思いのうちの神の観念」、または神の或る属性の無条件な自然の性から必然に出てくる何かは決定〔限定〕された持続をもつことができない。それは当の属性を通して永遠であり、それが二番目の点だった。この同じことが、神の何らかの属性のうちに神の無条件な自然の性から必然に出てくるどの物についても肯定されるべきであるという点に意を留めるように。

命題二二

神の或る属性を通して必然に、かつ無限なものとして実在するような変容態に様態化したかぎりでの当の属性から出てくるものは、何であれ、やはり必然に、かつ無限なものとして実在しなければならない。

論証

この命題の論証は前の命題の論証と同じしかたで進められる。

命題二三

必然に、かつ無限なものとして実在するいっさいの様態は必ず、神の或る属性の無条件な自然の性からか、あるいは必然にかつ無限なものとして実在する変容態に様態化した或る属性から出てこなければならなかった。

論証

様態は他のうちに在って、それを通して念われなければならない（定義五より）。つまり（命題一五より）独り神だけのうちに在って、神のみを通して念われうる。だからもし様態が必然に実在し、無限であると念われるとすれば、このどちらのことも必ず、神の或る属性が無限と実在の必然さ、言いかえれば（定義八より同じことである）永遠とを表現するかぎりで、つまり（定義六と命題一九より）無条件に考察されるかぎりで、その属性を通して結論され、言いかえれば覚知されなければならない。だから、必然に、かつ無限なものとして実在する様態は、神の或る属性の無条件な自然の性から出てこなければならなかった。そしてこのことは直接にか（これについては命題二一を見よ）、あるいはその無条件な自然の性から出てくる、つまり（前の命題より）必然にかつ無限なものとして実在する何らかの変容態をなかだちとして起る。論証以上。

命題二四

神によって産み出された物の有りかたは実在を伴わない。

論証

定義一から明白。というのも、その自然の性（むろんそれじたいで考察された）が実在を伴うものは自己原因であり、独りおのれの自然の性の必然だけから実在するからである。

系

ここから帰結するのは、神はただ物が実在し始める原因であるだけではなく、また実在し通す原因でもある、言いかえると（スコラ哲学の用語を用いれば）神は物の「有ることの原因」[11]でもある、ということである。なぜかといえば、物が実在するにしろ、実在しないにしろ、われわれがそれらの有りかたに目を注ぐそのつど、その有りかたが実在も持続も伴わないことを見出すからである。だからして、物の有りかたはそれらの実在についても持続についても原因であることができない。独りそれの自然の性に実在することが属する神だけがその原因である（命題一四系一より）。

命題二五

神は物の実在の作用原因であるだけではなく、また有りかたの作用原因でもある。

論証

もしあなたがこれを否定するなら、まさしく物の有りかたについて神は原因ではない。よって（公理四より）物の有りかたは神がなくても念われることができる。しかるにこれは（命題一五より）背理である。ゆえに物の有りかたについてもまた神は原因である。論証以上。

備考

この命題は命題一六からいっそう明晰に出てくる。というのも、その命題からは、与えられた神の自然の性から物の実在と同様に有りかたが必然に結論されなければならないことが帰結するからである。要するに、神は自己原因と言われるその意味で、またすべての物の原因とも言われるべきなのであり、それは次の系からさらにはっきり確かめられるであろう。

系

特殊の物〔個物〕は神の属性の変容、言いかえれば様態以外の何ものでもなく、これによって神の属性が或るきまった決定されたしかたで表現される。論証は命題一五と定義五とから明白。

命題二六

何か為事をすることへ決定された物は必然のこととして神からそう決定された。また、神によって決定されなかった物は為事をすることへおのれ自身を決定づけることができない。

論証

物がそれによって何らか為事をすることへ決定されていると言われるものは必然のこととして肯定的な性質の何かである(それじたいで知られるように)。よって、それの有りかたについても実在についても、神はその自然の性の必然から作用原因である(命題二五と一六より)。これが第一点だった。そこから二番目に提出した点も明瞭この上なく帰結する。なぜなら、もし神によって決定されなかった物がおのれ自身を決定できるとしたら、この〔命題の〕初めの部分が偽となろう。それが背理であることは、われわれが示したとおりである。

命題二七

神から何か為事をすることへ決定された物はおのれ自身を決定されていないようにすることができない。

論証

この命題は公理三から明白。

命題二八

どの個物も、言いかえればおよそ有限であり決定された実在をもつ物はどれであれ、同じく有限であり決定された実在をもつ別の原因によって実在し為事をすることへ決定されるのでなければ、実在することも為事へ決定されることもできない。さらにこの原因もまた、やはり有限であり決定された実在をもつ別のものによって実在し為事をすることへ決定されなければ、実在することも為事へ決定されることもできず、このように無限に進む。

論証

実在し為事をすることへ決定されたものはどれも神によってそのように決定された（命題二六と命題二四系より）。ところが有限であり決定された実在をもつものは神の何かの属性の無条件な自然の性によって産み出されることはできなかった。というのも神の或る属性の無条件な自然の性から出てくるものはどれも無限かつ永遠だからである（命題二一より）。ゆえにそれは、何らかのしかたで変容したと考察されるかぎりでの神、あるいはその或る属性から出てきたはずである。実体ともろもろの様態以外には何も与えられず（公理一と定義三、五より）、様態は神の属性の変容以外のものではないから（命題二五系より）。ところがそれは、永遠かつ無限である変容態に変容したかぎりでの神あるいはその何らかの属性からはやはり出てくることができなかった（命題二二より）。ゆえにそれは、有限であり決定された実在をもつ変容態に様態化したかぎりでの神あるいはその何らかの属性から出てくるか、あるいは実在し為事をすることへこれによって決定されたはずである。これが第一の点であった。

次に、転じてこの原因、言いかえればこの様態のほうも（この命題の前半部分をいま論証したのと同じ理由により）、やはり有限であり決定された実在をもつ別のものによって決定されたはずであり、こんどはこのおしまいのものが（同じ理由により）別のものによって決定され、このように絶えず（同じ理由により）無限に遡る。論証以上。

備考

何とは言わないが、神によって直接産み出されたはずのものがいくつかある。もちろんその無条件な自然の性から必然に出てくるものである。そしてこれら最初のものがなかだちとなって出てくる別のものがあるが、これとても神なしには在ることも念われることもできないから、次がここから帰結する。

その第一。神は神から直接産み出された物の絶対的最近原因であって、言うところの自己の類における最近原因ではない(12)。なぜなら神の結果はその原因なしには在ることも念われることもできないからである（命題一五と命題二四系より）。

第二に出てくるのは、神を個物の遠隔原因と言うのは、神が直接産んだもの〔すなわち直接無限様態〕から個物を前提のところで行ったように間接無限様態として区別するだけならば、その場合神は個物に対して自己の類における最近原因であるから、不適当なので〕、あるいはむしろその無条件な自然の性から出てくるもの〔すなわち直接無限様態およびそれがなかだちとなって生起する間接無限様態〕からわれわれが個物を〔命題二八にもとづいて有限なものとして〕区別するためでなければ、適当ではない。なぜかといえば、遠隔原因ということでわれわれが解るのは、結果といかなるしかたでも結合されていないようなものだからである。だが、在るものはすべて神のうちに在り、神なしでは在ることも念われることもできないように、それに依存している。

命題二九

物の自然のうちには偶然のものは何も与えられず、すべては神の自然の性の必然から或るきまったしかたで実在し為事をすることへ決定された。

論証

在るものは何であれ神のうちに在る（命題一五より）。さて神はといえば、偶然な物と言うことはできない。なぜなら（命題一一より）神は必然に実在するのであって、偶然に実在するのではないから。次に神の自然の性の様態は、この自然の性からやはり必然に出てきたのであり、偶然に出てきたのではなかった（命題一六より）。それは、神の自然の性が無条件に考察されるかぎりでか（命題二一より）、あるいは或るきまったしかたではたらくことへ決定されていると考察されるかぎりでである（命題二七より）。その上、これらの様態について神は、これらが単純に実在するかぎりで原因であるだけではなく（命題二四系より）、（命題二六より）何らかの為事へ決定されていると考察されるかぎりでもまた、原因である。もし（同じ命題により）神によって決定されなかったとすれば、それらがおのれ自身を決定するのは不可能であり、たまたま起るようなことではない。反対に、〔命題二七より〕神によって決定されたならば、おのれ自身を決定されていないようにするのは不可能であり、たまたま起ることではない。だからすべては、神の自然の性の必然から、実在することへだけではなく、或るきまったしかたで実在し為事をすることへも決定されたわけであり、偶然のものは何も与えられない。論証以上。

備考

先を続けるまえにここで、われわれは「産んでいる自然」ということでは何を、また「産み出された自然」ということでは何を解るべきかということを説明したい、というよりむしろ注意を喚起したい。というのも、先立って述べられたことからすでに確立されているとわたしは見込んでいるからであり、むろん、「産んでいる自然」ということでわれわれは、おのれのうちに在って、おのれを通して念われるもの、言いかえれば、実体の永遠でかつ無限な有りかたを表現するような属性、つまり〔命題一四系一と命題一七系二より〕自由原因として考察されるかぎりでの神のことを解るべきである。他方「産み出された自然」ということでわたしが解るのは、神の自然の性の、言いかえるなら神の属性一つ一つの、必然から出てくるいっさいのものである。つまり、神のうちに在り、神なしには在ることも念われることもできない物と考察されるかぎりでの、神のもろもろの属性の様態すべてである。

命題三〇

現にはたらいている有限な、または現にはたらいている無限な知性は、神の属性と神の変容を包み懐くはずであり、ほかのものは何も包み懐かない。

論証

真の観念はその観念対象と一致しなければならない（公理六より）。つまり（それじたいで知られるように）知性のうちに〔観念の表す〕対象というありかたで含まれるものは、必ず自然のうちに与えられるはずである。しかるに自然のうちに与えられるのは一つの実体（命題一四系一より）、ということは神だけであり、また（命題一五より）神のうちに在り、（同命題より）神なしでは在ることも念われることもできない諸変容だけである。それゆえ、現にはたらいている有限な、または現にはたらいている無限な知性は、神の属性と神の変容を包み懐くはずであり、ほかのものは何も包み懐かない。論証以上。

命題三一

現にはたらいている知性は、それが有限であれ無限であれ、意志、欲望、愛などと同じように「産み出された自然」のものとされなければならず、「産んでいる自然」のものとされてはならない。

論証

というのも（それじたいで知られるように）知性ということでわれわれが解るのは、無条件な思いではなく、欲望や愛など他の諸様態と異なる、たんに思いの或るきまった様態にすぎない。よってそれは（定義五より）無条件な思いを通して念われなければならない。すなわち（命題一五と定義六より）思いの永遠かつ無限な有りかたを表現する神の或る属性を通して、その属性なしでは在ることも念われることもできないというように、念われなければならない。そのために、（命題二九備考より）それ以外の思いの様態もそうであるのと同じように、「産み出された自然」のものとされなければならず、「産んでいる自然」のものとされてはならない。論証以上。

備考

わたしがここで現にはたらいている知性について語る理由は、可能態にある知性が何らか与えられることを認めているからではない。そうではなく、いっさいの混乱を避けたく、われわれに明晰きわまりなく覚知された物について以外は語らないことを志したからである。すなわち、解ることそのものについてであり、それよりも明晰にわれわれに覚知されることは何もない。じっさい、われわれは解ることのいっそう完全な認識に導かないものは何も解りえないからである。

命題三二

意志を自由原因と呼ぶことはできず、ただ必然づけられた原因と呼ぶことができる。

論証

知性のように、意志はただ思いの或るきまった様態である。よって（命題二八より）一つ一つの意志のはたらきは、もしほかの原因によって決定されなければ、実在することも為事へ決定されることもできない。さらにこの原因も別のものによってそうなっていて、このように進んで無限に遡る。もし意志が無限であると想定される場合でも、やはりそれは、神が無条件に無限な実体であるかぎりでではなく、思いの無限でかつ永遠な有りかたを表現する属性をもつかぎりで（命題二三より）、神によって実在し為事をすることへ決定されなければならない。こういうしだいで、有限であれ無限であれ、どんなふうに念われようと、意志は実在し為事をすることへそれを決定する原因を要する。よって（定義七より）自由原因と言うことはできず、ただ必然づけられた、あるいは強制された原因と言われうる。論証以上。

系一

ここからの帰結の第一。神は意志の自由によって為事をするのではない。

系二

帰結の第二。意志と知性は神の自然の性に対して、運動と静止が、さらに条件を取り払えば

（命題二九より）神によって或るきまったしかたで実在し為事をすることへ決定されなければならないあらゆる自然のものが、その性に対するのと同様の関係にある。なぜなら意志は、それ以外のすべてと同じように、或るきまったしかたで実在し為事をすることへそれを決定する原因を要するからである。そして、たとい与えられた意志あるいは知性から無限に多くのものが出てくるとしても、それでもそのために神は意志の自由からはたらくとは言えない。それは、運動と静止から出てくるもののゆえに（じっさいこれらからもやはり無限に多くのものが出てくるから）神が運動と静止の自由からはたらくと言えないのと等しい。だから、意志はそれ以外の自然のものが神の自然の性に属さないのと同様に神の自然の性には属さない。かえって、その性に対しては、運動と静止、および神の自然の性の必然から出てきて、それによって或るきまったしかたで実在し為事をすることへ決定されることをわれわれが示した、それ以外のあらゆるものが、その性に対するのと同様の関係にある。

命題三三

諸物は、産まれたのと別のしかた、別の次第では神から産み出されることができなかった。

論証

というのも、すべての物は神の与えられた自然の性から必ず出てきたし（命題一六より）、神の自然の性の必然から或るきまったしかたで実在し為事をすることへ決定された（命題二九より）。そこでもし物が別の自然の性であったり、別のしかたで為事へ決定されることがありえて、自然の次第が別のものになるとしたら、まさに神の自然の性もまたいまあるのとは別ものになりえるだろう。これにより（命題一一より）その別の自然の性もまた実在しなければならず、その結果二つあるいは多数の神々が与えられうるであろうが、これは（命題一四系一より）背理である。このゆえに、物は別のどんなしかた、別のどんな次第でも云々。論証以上。

備考一

以上でもってわたしは物のうちには偶然と言われるゆえんをなすものは絶対ないことを真昼の光にもましてはっきり示したから、わずかな言葉を費やしていまから、偶然ということでわれわれが何を解るべきかということを説明したい。けれども、そのまえに必然、不可能ということで何を解るべきかを説明したい。

或る物が必然のものと言われるのは、その有りかたのためか、原因のためかである。というのも或る物の実在はそれの有りかたおよび定義からか、または与えられた作用原因から必ず出てくるからである。

それからまた、この二つのわけをめぐって或る物が不可能と言われる。言うまでもなく、それの有りかた、言いかえれば定義が矛盾を伴うためか、それともそうした物を産み出すことへ決定されたそとの原因が何も与えられないからである。

ところが或る物が偶然のものと言われるわけは、われわれの認識の不足を考慮してだけである。というのも、有りかたが矛盾を伴うことをわれわれが知らずにいるか、あるいは何ら矛盾を伴わないことをきちんと知ってはいても、もろもろの原因の次第がわれわれの目をのがれているためにそれの実在について何も確然と主張できない物があるからである。そういったものはわれわれには必然のものとも不可能なものとも見ることができないために、偶然とか可能とか呼ぶわけである。

備考二

以上述べてきたことから、物は、与えられたもっとも完全な自然の性から必然に生じ来った以上、神によってこの上ない完全さで産み出されたということがはっきりと帰結する。このことは神に向って不完全という嫌疑を何ら証し立てはしない。神の完全さがわれわれにこう主張するように強いたのだから。いや、かえってこのことの反対からは、(いましがた示したように(13))神が最高に完全ではないことが明瞭に帰結しただろう。たしかに、もし物が別のしかたで産み出されていたなら、神には別の自然の性が割り当てられるべきであろうから。それは、われわれがもっとも完全な存在者の考察から神のものとするように課せられているのとは異なったものである。だがわたしは疑わないけれども、多くの者はこの考えを理に背くとしてあざけり、これをじっくり吟味することには心を向けようとしないだろう。それは、かれらが、われわれによって提出された（定義七）のとは遠く懸け離れた、別の自由を神のものとすることに慣らされているためにほかならない。それは言うまでもなく無条件の意志である。が、またわたしは次のことも疑わない。もしその人たちがものごとをじっと考え、われわれの論証のつながりをそのもとできちんと吟味しようとするなら、結局はかれらがいま神のものとしているような自由をただ無駄なものとしてのみならず、学知への大きな邪魔としてきっぱり投げ捨てるであろう。わたしはここで命題一七の備考で述べられたことを繰り返す必要もない。

さりながら、そういう人たちのためも慮《おもんぱか》って、なお次のことを示そう。それは、たとい意志が神の有りかたに属することが認められるとしても、神の完全さからやはり、物は別のいかなるしかた、また次第でも神から創造されえなかったことが出てくるであろう、ということである。それを示すのは、次の点をわれわれが考察するなら、簡単であろう。まずもって、その人たち自身認めること、すなわち一つ一つの物がそのものであるのは神の決心と意志のみにかかっていること。さもないと、神はすべての物の原因ではなくなるから。次に、神のすべての決心は永遠の昔から神みずからによって定められたこと。さもないと、不完全さと変りやすさが証し立てられるだろうから。ところで、永遠のうちには**いつ**も**まえ**にも**あと**にも与えられないので、ここから、もちろん神の完全さだけから、神は何どきにも別のことを決心によって決められないし、かつてあるときにも決められなかった、言いかえるなら、みずからのもろもろの決心のまえに神はなかったし、またそれらなしには在りえない、ということが出てくる。

ところが、かれらはこう言うだろう。たとい神が諸物の自然の性を別のものにした、あるいは永遠の昔から自然とその次第について別のことを決めたと想定されるとしても、そこから神のうちには何の不完全さも生じ来《きた》らないであろう、と。

だがこう述べるなら、それは神がおのれの決心を変えうることを認めることになる。なぜかといえば、もし神が自然とその次第について決めているのとは別のことを決めたとしたら、つまり自然に関して別のことを志し、念ったとするなら、必然のこととして、いまもっているのとは別の知性、別の意志をもったであろうから。そのうえ、神の有りかたと完全さを何ら変質させずに、別の知性と別の意志を神のものとすることがさしつかえないなら、神がいま創造物についておのれの決心を変更し、にもかかわらず等しく完全なままでいることができないわけがどこにあろう。というのも、創造物とその次第とをめぐる神の知性と意志とは、どのように念われようと、神の有りかたと完全さに見合うからである。

それから、わたしが管見して知る哲学者はみな、神のうちには知性は可能態では何ら与えられず、現にはたらいているものとしてのみ与えられていることを認める(14)。一方、同じくみなが認めるとおり、神の知性と意志は神自身の有りかたと区別されないからには(15)、まさにここからまた、もし神が別の現にはたらく知性とそれから別の意志とをそなえたとしたら、神の有りかたもまた必ず別物になるだろうということも帰結するわけである。したがって（最初にわたしが結論したように）もしも物がいま在るのと別なふうに神から産み出されたとすれば、神の知性と意志、つまりは（認められるように）その有りかたが別のものでなければならないであろうが、これは理に反する。

こうして、物は別のいかなるしかた、次第でも神から産み出されることができなかったこと、そしてこのことが真実であるのは神のこの上ない完全さから出てくるのだから、神がみずからの知性のうちに在るすべてを、それを解るのと同じ完全さで、創造するのを志さなかったと信じるようにわれわれを説き伏せられるまともな理屈はないと請合える。

だがこうも言われるだろう。物のうちには完全さも不完全さもない。物の中に在って、完全または不完全であるゆえん、善いまたは悪いと言われるゆえんをなすものは、ただ神の意志にかかっている。だから、もし神が志したとしたら、いま完全さをなすものが最高の不完全さとなるようにすることもできたし、その反対のこともできたであろう、と。だがこれは、みずからの意志することを必ず解る神が、解っているのと別のしかたで物を解るように自分の意志でできるとあけすけに主張する以外の何であろうか。（いましがた示したように）重大な背理である。

ゆえに、われわれはその論拠をかれらのほうに向け返すことができる。このようにである。すべては神の能力にかかっている。そこで、物が別なふうでいられるには、必ず神の意志もまた別なふうでなければならないであろう。しかるに神の意志は別なふうであることができない（さきほど神の完全さから明白きわまりないほどに示したように）。それゆえ、諸物も別なふうであることはできないのである。

認めておくと、すべてを神の無関心な意志のなにがしに委ね、いっさいが神の恣意にかかっていると決めてかかるこの見解は[16]、神が万事を善の観点のもとで行うと決めつける者たちのそれに較べれば真から遠ざかっていない。なぜなら、こちらは、神に依存しない何ものかを神のそとに立てているように見えるからである。神はあたかも範型に向うかのように、為事に際してそのものに仕える。あるいは或るきまった目標に向うかのように視線を送る。請合ってこれは神を運命に服させることにほかならない。われわれは、神がすべての物の有りかたの、ならびにその実在の、第一かつ唯一の自由原因であることを示したが、その神についてこれ以上ばかばかしい意見はもちえない。であるから、このばかばかしいことを論駁するのに時を費してはいられない。

命題三四

神の力は神の有りかたそのものである。

論証

じっさい神の有りかたの必然だけから、神が自己原因であり（命題一一より）、また（命題一六とその系より）すべての物の原因であることが出てくるからである。ゆえに、神自身とそしてすべてが、在り、かつはたらく神の力は、神の有りかたそのものである。論証以上。

命題三五

神の能力のうちに在るとわれわれが念うものは何であれ必ず在る。

論証

というのも、神の能力のうちに在るものは何であれ、（前の命題より）神の有りかたから必ず生じ来るというようにその有りかたのうちに包み懐かれていなければならないからである。よってそれは必ず在る。論証以上。

命題三六

その自然の性から何らかの結果が出てこないものは何も実在しない。

論証

実在するものは何であれ、神の自然の性、言いかえれば有りかたを或るきまった決定されたしかたで表現する（命題二五系より）。つまり（命題三四より）実在するものは何であれ、すべての物の原因である神の力を或るきまった決定されたしかたで表現する。よって（命題一六より）それから何らかの結果が出てこなければならない。論証以上。

付録

これでわたしは神の自然の性と神の特性の数々を説明した。それは次のようなことであった。神は必ず実在する。唯一である。おのれの自然の性の必然だけにもとづいて在り、またはたらく。すべての物の自由な原因であり、それはどのようにしてなのか。すべては神のうちに在り、神なしでは在ることも念われることもできないというように神に依存している。おしまいに、すべては神によって予定されてしまっているのだが、それは意志の自由、言いかえるなら無条件な恣意からではなく、神の無条件な自然の性、言いかえれば無限の力からである。

加えて、機会があった場合、随所でわたしは、行っている論証を見抜く礙《さまたげ》になりうる先入見を遠ざける配慮をした。けれどもなお、残っている先入見は少なくなく、それがやはりというよりこの上なく、人びとがわたしの説明したしかたで物の連鎖を把握しうる邪魔になりえたし、またなりえている。であるから、ここでそうした先入見を理性の精査にかけることは労に価すると踏んだわけである。

さて、ここでわたしが取り上げて指摘するすべての先入見は次の一つのことにかかっている。

それは、人びとが自然の物がみな自分たちのように目的をめがけてはたらくと普通に想定していることである。それはかりか、神までがすべてをきまった何らかの目的に合せて整えるというのを確かと決めてかかっている。というのも、神は人間のためにいっさいをつくり、人間はといえば神を崇めさせるためにつくったと言われるからである。

そこでわたしはこの一つことをまず考察する。すなわち第一に、なぜたいていの者がこの先入見に安んじ、みながかくも自然の性からこれを抱くことに傾いているのかという原因を尋ねる。それからその虚偽を示し、最後に、これからどのようにして**善さと悪さ**、**手柄と過ち**、**誉めと咎め**、**秩序と混乱**、**美しさと醜さ**、さらにこの類いの他のもろもろについての先入見が起ったのかを示そう。

だが、これらのことを人間精神の自然の性から発して演繹するのはここで行うことではない。ここではみんなに承認されているにちがいないことを基礎として取り上げれば足りるであろう。それはすなわち、人間はみな物の原因を知らないで生れること、そしてだれもがおのれの有益を求める欲求衝動(17)をそなえ、そのことを意識しているということである。

というのも、これらのことから第一には、人びとは自分が自由であると思いなすということが出てくるからである。そのわけは、かれらが自分の意欲と衝動とを意識はしているものの、欲求し意欲する気にさせられる原因のことを知らないために、そうした原因のことを夢にも考えないからである。

第二には、人びとが目的を念頭においてすべてを行うということが出てくる。もちろんこれは欲求している有益を慮ってということである。そこから生じるのは、かれらがいつも行い遂げられたものごとの目的原因だけを知ろうと求め、それを聞き知ってしまったときには落ち着くということである。たしかにその先を疑う原因を持ち合せないためである。逆にもし他人からそれを聞き知ることができない場合には、かれらに残されているのは、自身を省みて、習いとして自分を似たことへ決定づける目的のことをよく考えることくらいしかない。このようにしてかれらは必ず自分の素質から他人の素質を判じる。

その上、自分のうちとそとでみずからに有益なものを手にするために十分役立つ手立てに少なからず出会う。たとえば、見るための目、噛むための歯、栄養を摂るための植物と動物、光を照すための太陽、魚を養うための海、のようにである。なので、ここから、自然のもののすべてを自分の有益のための手立てとみるということが生じた。そして、これらの手立てを発見したのは自分でも、供給したのはそうではないことを知っているから、そうした手立てをかれらの使用に供した別のだれかがいると信じるわけを得たのである。というのは、もろもろの物を手段とみなしたのちには、それらがおのずから成ったとは信じられなくなったからである。それで、かれらは自分のために用意するのを慣わしとしている手立ての数々から推して、或るまたは幾たりかの自然の主がいて、人間がもつような自由を授けられ、かれらに対していっさいを配慮し、その使用のためにあらゆるものをつくったと結論づけなければならなかった。

こうした統治者の素質についてはかれらは何かを聞き及んでいるということがまったくなかったから、自分の素質からそれを判じなければならなかった。またそこからして、神々は人間を自分につなぎとめ、この上ない敬意を人間から保たれるように、すべてを人間の使用に向けて整えたと決めてかかったのである。そこから次のようになった。それぞれが自分の素質から神を崇めるさまざまな様式を考えついた。それは、神がほかのもの以上にかれらに目をかけ、かれらの無分別な欲望と飽くことのない強欲の用に向けて全自然を監督してくれるようにであった。こうしてこの先入見は迷信へと向きを転じ、精神に深く根づいた。そのことが原因で、めいめいが最大の努力を注いであらゆるものごとの目的原因を解ろうと、そしてそれを説明しようと一所懸命になった。

けれども、自然が何も無駄には（つまり人間の役に立たないことを）行わない(18)ことを示そうと求めながら、かれらが示したことといえば、自然と神とが人間と同等に頭をおかしくしているということでしかないようだ。見ていただきたい。ことが結局どうなっているかを。自然がもつ数多くの利点にまじって、かれらは嵐や地震、病気など、少なからぬ迷惑なものに遭遇しなければならなかった。そうしてこれらが降りかかったのは、人びとが神々に対して行った侵害か、祭祀において犯された過ちかに、神々が怒っているためであるとかれらは決めてかかった。しかも、経験が日々その非を告げて、有利不利が等しく敬虔な者にも不敬虔な者にも差別なしに降りかかるのを無数の例でもって示しているにもかかわらず、根深い先入見を去ることがなかった。なぜなら、かれらにとっては、使いかたを知らない未知のことの中にこれを入れ、そのように自分のいまの生れついた無知という状態を維持するほうが、その〔考えの〕組立て全体を壊して新たなものを考え出すよりは簡単だったからである。

そこからかれらは、神々の審判は人間の把握をはるかに越えるということを確かと思い定めたのだが、まちがいなくこれだけでも真理が人類に永遠に隠される原因となったことであろう。目的ではなく、ただ図形の有りかたと固有性だけをこととする数学によって真理の別の規準が人間に示されることがなかったならば。だが数学以外にも、人びとがこの共通の先入見に気づいて、物の真の認識に導かれるようになしえた別の原因も（ここで算え上げるには及ばないが）挙げることはできる。(19)

以上でわたしは第一に約束したことの説明を十分果した。さていま、自然がおのれのまえに目的を何も置いていないこと、また目的原因なるものはすべて人間の作り上げた虚構にほかならないことを示すのには多くの言葉は必要としない。というのもわたしはそのことがもう十分に確かめられていると信ずるからである。この先入見のもとになっていることを示した礎《いしずえ》ともろもろの原因から、ならびに命題一六と命題三二の二つの系から、さらに自然のすべてが永遠なにがしの必然と最高の完全さで生じ来っていることを示すのに用いたすべてから、それは確かめられている。

しかしながら、わたしは次のことをなお加えよう。すなわち、目的についてのこの説は自然をすっかりひっくり返す。なぜかというと、それはじつは原因であるものを結果とみなすとともに、その逆も行うからである。それから、自然の性の上で先であるものをあととなす。最後に、至高のもっとも完全であるものをもっとも不完全なものにする。というのも（初めの二つはそれじたいで顕だから省いて）命題二一と二二と二三にしたがえば、神によって直接産み出されるような結果がもっとも完全であり、或るものが産み出されるために要する媒介原因が多いほど、そのものはそれだけ不完全であるということが確かめられるからである。ところが、もし神によって直接産み出された物が、神がおのれの目的を達するためにつくられたのであるなら、よりまえのものがつくられたのがそれのためである最終のものが必然のこととしてあらゆるものの中でもっともすぐれていることになるだろう。

次にこの説は神の完全さを奪い去る。なぜなら、もし神が目的のためにはたらくとしたら、必然のこととして神は何かを欲し、そのものが不足していることになるからである。そして、なるほど神学者や形而上学者は「必要という目的」と「似せるという目的」とを区別してはいるが[20]、神がいっさいをおのれのためになし、創造されるべき物のために行ったのではないことは承認する。それは、創造に先立っては、神を除いて神がなすためとなるものを何も挙げられないからである。こうして必ずや認めざるをえなくなるのは、神は手立てとなるものをそのために準備しようとした当のものを欠いていて、それを望んだのだということで、これはおのずから明らかなとおりである。

またここで次のことを不問にして過ぎるわけにはいかない。この説を奉じる一派は、物に目的をあてがう際、みずからの才を示そうとした。そしてこの自説を証明するために新たな議論のやりかたを持ち出した。〔相手の立場を〕不可能にではなく、無知に追いつめる論法である。これは、この説のために弁じる手立てがほかに何もなかったことを示している。

たとえば、或る者の頭上へ或る屋根の頂《いただき》から石が落ち、その者の命を奪ったとする。この場合かれらは石が人の命を奪うべく落ちたということを次のようなやりかたで論証するだろう。もし、神がそのことを意志して、その目的のために石が落ちたのでなければ、どのようにしてそれだけの数の事実が図らずも重なって起りえたのか（じっさいしばしば多くの事実が同時に重なって起るから）。あなたはおそらくこう答えるだろう。「風が吹き荒れていて、またその人がその場を通ったことからそのことが起きた」と。だが、かれらは問いつめるだろう。「なぜそのとき風が吹き荒れていたのか、なぜちょうどそのときにその人がその場を通ったのか」と。あなたはあらためて、「そのとき風が起きていたのは、まえの日に天気がまだ穏やかだったのに海に波が立ち始めたから」、そして「その人は友達から招かれていたのだ」と答えるとする。かれらはさらに追及するだろう。問いにはきりがないから。「ではなぜ海が波立っていたのか。なぜその人はその時刻に招かれていたのか」と。このようにして、かれらはあなたが神の意志へと、つまり「無知の聖域」に庇護を求めてしまうまでは、次々と原因の原因を問うのを譲らないだろう。

同じようにまた、人体組織を見るときには、仰天して、それほど多大な技の原因を知らないから、機械的ではない、神のかあるいは超自然の技でもって組み立てられ、部分がたがいに傷つけ合わないようなしかたでつくり成されていると結論づける。

こうして生じるのは、「奇蹟」の真の諸原因を問い尋ね(21)、自然の物を見て、阿呆者のように驚嘆するのではなく、学識をそなえた者として解ろうとはげむ者はどこでも、異端者で不敬虔な者と扱われ、大衆が自然と神々の解釈家ともてはやす者たちからそのように声高に叫ばれることであろう。なぜなら、無知が除かれてしまえば、自分たちの権威を弁じたてて保つただ一つの方途としてかれらが握っている、莫迦《ばか》な驚きが無くされることをかれらは知っているからである。しかし、わたしはこれらをやり過し、ここで三番目に扱うと決めたことに向う。

人びとが、生じるものはみな自分たちのために生じると納得してからというもの、かれらの役に一番立つところが一つ一つの物にあって重立ったものをなすと判じなければならなかったし、最上に刺戟してくれるようなものが凡《およ》そ際立ってすぐれていると評価を下さなければならなかった。そこから人びとは物の自然の性を説明する次のような意義をつくり上げなければならなかった。すなわち、**善**、**悪**、**秩序**、**混乱**、**熱さ**、**冷たさ**、**美しさ**、**そして醜さ**である。また自分を自由なものとみなすがゆえに、こういう意義も生れた。それは、**誉めと咎め**、**過ちと手柄**である。だが、こちらについては、先で人間の自然の性を扱ったあとに回し(22)、ここでは前者のほうを手短に説明することにする。

こういうことになる。健全さと神を崇拝することに導くいっさいは善、それに対立しているものが**悪**と称された。

そして、物の自然の性を解らず、諸物をただ思い描くだけの者たちは、物について確たることを何も言わないし、想像のはたらきを知性と思い違うから、物と自身の自然の性に無知なまま、物のうちに秩序があると固く信じる。じっさい、物がわれわれに感覚を通して提示されるときに、簡単に思い描け、結果として簡単に思い起せるような具合に配されているときには、善く整っていると言い、その反対ならば、整いが悪い、あるいは混乱しているとわれわれは言うからである。簡単に想像できるものはそうでないものに較べてわれわれにはありがたいから、そのために人びとは混乱よりも秩序のほうを好む。秩序はわれわれの想像を住処とするものだが、そういうものを越えて、さも自然のうちの何ものかであるかのごとくに。かれらは神があらゆるものを整然と創造したとも言い、このようにして知らずに想像のはたらきを神のものにする。あるいはひょっとすると、人間の想像力を見越した神が、あらゆる物を人びとがもっとも難なく思い描けるような具合に配したというつもりでなければだが。この際おそらく、われわれの想像力をはるかに超える無限に多くのものや、想像力の弱さゆえにそれを混乱させるひじょうに多くのものが見出されることは、かれらを立ち止まらせて考えさせはしないだろう。だが、この点をめぐってはもう十分である。

それから、ほかの意義もろもろもまた、想像のはたらきをいろいろと異なったしかたで触発する想像の様態以外の何ものでもない。にもかかわらず、無知な者たちからは物の主要な属性であるかのように考えられる。すでに述べたように、かれらはいっさいの物が自分たちのためにつくられていると信じ込んでいるからである。そして或る物から刺戟触発を受けるのにしたがい、その性状を善いとか悪いとか、まっとうな、または腐った、堕落した、とか言うわけである。たとえば、目を通して提示された対象から神経が受けとる運動が健全さに与って力があるならば、健全さを惹き起す対象は「美しい」と言われるが、反対の運動を発せしめる対象は「醜い」と言われる。次に、鼻を通して感覚を動かすものは「香りがいい」または「臭い」と呼ばれ、舌によるものは「甘い」または「苦い」、「風味がある」または「まずい」などと呼ばれる。触覚を通したものは「硬い」または「やわらかい」、「ざらざらした」または「滑らか」などである。そしておしまいに、耳に動きを起すものは「噪音」、「楽音」あるいは「和声」を生じると言われ、このうち最後のものは、「神もまた和声をよろこばれる」と信じ込ませるほど人の正気を奪ったものである。天体の運動が和声を成すと確信してしまった哲学者にも事欠かなかった。

こうしたすべては、各人が脳の置かれた状態に準じながらものごとについて判じてきたこと、あるいはむしろ想像力の変容されたものを物に代って受けとったということを十分に示している。だから（このこともついでに注意しておけば）われわれが経験して確かめている多くの論争が人びとのあいだに起り、そこからついには懐疑論が生れたのも驚くべきことではない。なぜなら、人間の体にはたくさんの点で一致があるにしても、それでもひじょうに多くの点では異なっているからで、そのために、ある者にとって善く見えるものが別の者には悪く見えたり、ある者には整っていると見えるものが別の者には乱れているように見えたりする。またある者には気持のいいものが別の者には厭なものである。これら以外のもろもろの意義についても同様であるが、ここでは飛ばす。ここはこうしたことについて余すところなく扱う場所ではないし、またみながこのことを十分に経験して味わっているからである。じっさい次のようなことが世間の言い種になっているからである。曰く、「十人十色」、「自分の意見ほど居心地のいいものはない」、「味覚が違えば頭も別」。こうした慣用句は、人びとが脳の置かれた状態に合せてものごとを判じ、物を解るよりもむしろ想像するということを十分に示すものである。というのも、もしかれらが物を解ったとしたなら、物について解ったことは、数学が証すように、魅力でだれでもの心を惹き寄せはしないとしても、少なくとも有無なくみなを納得させるであろうから。

こうして、普通の者が自然を説明するのに慣わしのように用いる意義はすべて、たんに想像の様式にすぎず、物の自然の性を何ら指し示さず、ただ想像のしくみだけを指し示すということをわれわれは見てとる。これらの意義は、あたかも想像のそとに実在している存在者のそれであるかのような名前をそなえるから、そうした存在者を「理屈上の存在[23]」ではなく、「想像上の存在」とわたしは呼ぶ。したがって、われわれに対してこのような意義を用いて向けられる議論はすべて難なく撃退できる。

じっさい、慣わしとして次のように論じる者は多い。もしいっさいが神の完全この上ない自然の性の必然にしたがって結果として出てきたのだとしたら、自然の中のあれほど多くの不完全さはいったいどこから起ったのか。すなわち、悪臭を放つまでの物の腐敗や、吐き気を催させる醜さ、そして乱れ、悪、過ちなどは。

だが、いまも言ったように、駁して黙らせるのは簡単なことである。なぜかといえば、物の完全さはその自然の性と力だけによって評価されるべきだからである。これがために、物は人間の感覚をくすぐってうれしくさせるから完全さを増したり、感覚に障って不快にさせるからその完全さを減じたりはしない。また人間の自然の性に寄与するからとか、あるいは反するからとかでも完全さを変えはしないからである。

また、どうして神はすべての人間を理性の導きだけによって支配されるように造らなかったのかと尋ねる者に対しては、わたしは次のように答えるだけで、ほかに答はない。それは、神には、言うまでもなく完全さの最高の度合から最低の度合まで、あらゆるものを創造するために材料の不足がなかったからということ。あるいはいっそう適切な語りかたをするなら、神の自然の性の法則は、或る無限な知性によって念われうるいっさいを産み出すのに足りるまでに広かったからということ。これは命題一六で論証しておいたとおりである。

以上が、ここでわたしが取り上げて注意しようとした先入見である。これに似通ったようななにがしかがまだ残っているとしても、めいめいがわずかな省察を行えば、それは改められるであろう。

第一部終り。

第二部　精神の自然の性と起源について

これからわたしは、神の、言いかえれば永遠でかつ無限な存在者の有りかたから必ず出てこなければならなかったことの説明に移る。が、実際には全部ではない。その有りかたからは無限に多くのものが無限に多くのしかたで出てこなければならないことをわれわれは第一部命題一六で論証してあるからである。なので、われわれを人間精神とその頂上をなす至福との認識へ、言うなら手を引いて導きうることだけを説明するのである。

定義

一　物体ということでわたしが解るのは、広がった物として考察されるかぎりでの神の有りかたを或るきまった決定されたしかたで表現する様態である。第一部命題二五系を見よ。

二　或る物の有りかたには、それが与えられると物が必ず据えられ、それが除かれると物が必ず無くされるものが属する、あるいは、それがなくては物が、また逆に物がなくてはそれが、在ることも念われることもできないものが属する、とわたしは言う(1)。

三　観念ということでわたしが解るのは、精神が思う物であるために形づくる精神の思念である。

説明

どちらかと言えば、「覚知」よりも「思念」とわたしは言う。そのわけは「覚知」という呼び名は、精神が対象からはたらきを受けることを指し示すように見えるからである。ところが「思念」は精神のはたらきを表現するように見える。

四　十全な観念ということでわたしが解るのは、対象に対する関係を離れてそれ自身で考察されるかぎりで、真の観念のすべての特性、言いかえればうちからの呼びかたをそなえる観念である。

説明

「うちからの」とわたしが言うのは、そとからのもの、すなわち観念と観念対象の一致を除くためである(2)。

五　持続とは実在することの無限定な継続である。

説明

「無限定な」とわたしが言うのは、それが実在している物の自然の性そのものを通してはけっして決定

〔限定〕されえず、また、物の実在を必然に据えはするが奪い去りはしない作用原因によってもまた決定〔限定〕されえないからである。

六 物としての性格〔実在性〕と完全さということでわたしが解るのは同じものである。

七 個物ということでわたしが解るのは、有限であり決定された実在をそなえる物である。そしてもし数多くの個体が一つのはたらきにともに加わって、すべてが一緒に一つの結果の原因になっている場合には、そのかぎりでわたしはそれらみなを一つの個物として考察する。

公理

一 人間の有りかたは必然の実在を伴わない。つまり自然の次第からあれこれの人間が実在することも実在しないことも生じうる。

二 人間は思う(3)。

三 愛や慾望、または何であれ心の感情〔情態〕(4)の呼び名で標《しる》されるもののような思いの様態は、同じ個体の中に愛された物、望まれた物等の観念が与えられなければ、与えられない。ところが観念は、別の思いの様態が何ら与えられなくても、与えられうる。

四 われわれはなにがしかの物体がたくさんのしかたで刺戟触発されるのを感じる。

五 物体もろもろと思いの諸様態を除いては、われわれは個物を何も感受しないし、また覚知しない。

命題一三のあとの要請を見よ。

命題一

思いは神の属性である。言いかえれば神は思う物である。

論証

個別の思い、言いかえればこの思い、あの思いは、神の自然の性を或るきまった決定されたしかたで表現する様態である（第一部命題二五系より）。ゆえに神には（第一部定義五より）個々の思いがみなその属性の思念を伴い、その属性を通して念われもするような属性があてはまる。したがって「思い」は、永遠でかつ無限な神の有りかたを表現する神の無限に多くの属性の一つである（第一部定義六を見よ）。言いかえるなら、神は思う物である。論証以上。

備考

この命題は、われわれが無限な思う存在を念えることからも明白である。なぜなら、思う存在が思うことのできるものが数多いほど、その存在者が物としての性格、言いかえれば完全さをそれだけ多く含むとわれわれは念う。ゆえに、無限に多くのものを無限に多くのしかたで思うことのできる存在は、必然のこととして、思うことの力量によって無限だからである。こうして、思いだけに留意しながら、われわれは無限の存在者を念うから、われわれが求めていたように、（第一部定義四と六より）思いは必然に神の無限に多くの属性の一つである。

命題二

広がりは神の属性である。言いかえれば神は広がっている物である。

論証

この命題の論証は前の命題のそれと同じしかたで進められる。

命題三

神のうちには、その有りかたと、その有りかたから必然に出てくるすべてのものとの観念が必ず与えられる。

論証

というのも神は（この部の命題一より）無限に多くのものを無限に多くのしかたで思うことができる。言いかえると（同じことだが第一部命題一六より）おのれの有りかたとそこから必ず出てくるすべてのものとの観念を形づくることができるからである。しかるに神の能力のうちに在るもののいっさいは、必ず在る（第一部命題三五より）。ゆえにそうした観念は必ず与えられ、しかも（第一部命題一五より）神のうちにしか与えられない。論証以上。

備考

普通の人たちが神の力ということで解るのは、神の自由な意志と、在りと在るいっさいへの権利とである。そのため、在るものは通例偶然のものとみなされる。というのもかれらは、神がすべてを破壊し、無に到らしめる能力をそなえると言うからである。加えて、きわめてしばしば神の実力を専制君主の実力と較べ合せる。

しかし、われわれはこれに第一部命題三二の系一と二で反駁しているし、第一部命題一六では、神はおのれ自身を解るのと同じ必然ではたらきを行うことを示した。つまりは、神の自然の性の必然から、（みなが声をそろえて主張するように）神がおのれ自身を解ることが出てくるのと同じように、神が無限に多くのことを無限に多くのしかたで行うことも同じ必然によって出てくる。それから第一部命題三四では、神の力が神の現にはたらいている有りかた以外の何ものでもないことを示した。よってわれわれには、神がはたらかないと念うのは、神が在らぬと念うのと同じく、不可能なことである。

さらに進んで、もしこれらの点をもっと先まで追っていってよいとすれば、普通の人たちが神に負わせるような力は人間的であるばかりか（これは普通の人から、神が人間と、もしくは人間に倣って、念われていることを示す）、無力をも巻き込むことをわたしはここで示すこともできる。けれども、わたしは同じ事柄についてそう何度も話を設けることをしたくはない。読者にはただ何遍もお願いする。このことについて第一部の命題一六から末尾までで言われたことを幾度も繰り返してはじっくり思いめぐらすように、と。なぜなら、神の力を専制君主の人間的な力あるいは権利と混同しないようにとりわけ用心しなければ、だれもわたしが言おうとすることをただしく覚えることができはしないからである。

命題四

無限に多くのものが無限に多くのしかたで出てくるもとの神の観念は、ただ一つでしかありえない。

論証

無限な知性は、神の属性とその変容のほかには何も包み懐かない（第一部命題三〇より）。しかるに神は唯一である（第一部命題一四系一より）。それゆえ、無限に多くのものが無限に多くのしかたで出てくるもとの神の観念は、ただ一つでしかありえない。論証以上。

命題五

観念の形としての有ることとは、神が思う物として考察されるかぎりでだけ神を原因と認め、神が別の属性によって説明されるかぎりでは原因と認めない。つまり、神のもろもろの属性の観念も個物の観念も、観念対象そのもの、言いかえれば覚知された物を作用原因と認めず、思う物であるかぎりでの神そのものを作用原因と認める。

論証

この部の命題三からたしかに明白である。というのもそこでわれわれは、神がおのれの有りかたとそこから必ず出てくるすべてのものとの観念を形づくれることを、神が思う物であるということのことだけから結論し、神がおのれの観念の対象であることから結論したのではなかったからである。それゆえ、観念の形としての有ることとは、神が思う物であるかぎりで神を原因と認める。けれども別なふうには次のしかたで論証される。観念の形としての有ることは思いの様態であり（それじたいで知られるように）、つまり（第一部命題二五系より）思う物であるかぎりでの神の自然の性を或るきまったしかたで表現する様態である。よって（第一部命題一〇より）神の別のいかなる属性の思念も伴わない。したがって（第一部公理四より）思い以外の別のいかなる属性の結果でもない。よって観念の形としての有ることは、神が思う物として考察されるかぎりでだけ云々。論証以上。

命題六

どの属性の様態も、ただそれを様態とするその属性のもとで神が考察されるかぎりでのみ神を原因としてもつが、神が別のいかなる属性のもとで考察されるかぎりでも神を原因としてもたない。

論証

というのは、一つ一つの属性はほかの属性を離れておのれを通して念われるからである(第一部命題一〇より)。だから、それぞれの属性の様態はおのれの属性の思念を伴うが、別の属性の思念を伴わない。よってそれは(第一部公理四より)ただそれを様態とするその属性のもとで神が考察されるかぎりでのみ神を原因としてもつが、神が別のいかなる属性のもとで考察されるかぎりでも神を原因としてもたない。論証以上。

系

ここから次が出てくる。思いの様態ではない物の形としての有ることは、神の自然の性が物をまえもって認識したためにその自然の性から出てくるのではない。そうではなく、観念対象である物は、観念が思いの属性から結果として出てくるのをわれわれが示したのと同じしかた、同じ必然で、おのれの属性から結果として出てくる。

命題七

観念の順序とつながりは物の順序とつながりと同じである。

論証

第一部公理四から明白。なぜなら、惹き起されたどのものの観念も、それが結果となっている原因の認識に依存するからである。

系

ここから出てくるのは、神の思う力はその現実のはたらく力と等しいということである。つまり神の無限な自然の性から形として出てくるものはどれも、みな神の観念から同じ順序、同じつながりで神の中に〔観念のうちの〕対象というありかたで出てくる。

備考

先を続けるまえにわれわれは、すでに〔第一部で〕示したことをここで思い起しておいたほうがよい。それはこういうことだ。実体の有りかたをつくり成すと無限な知性によって覚知されうるものはどれも、みなただ一つだけの実体に属する。その結果として思いの実体と広がっている実体は一つの同じ実体であり、ときどきで広がりか思いの属性のもとに包み懐かれる。同じようにまた、広がりの様態とその様態の観念とは、一つの同じ物であるけれども、二つのしかたで表現されている。このことは、なにがしかのユダヤ人たちも垣間見ていたようで、「神と、神の知性と、知性が解った物とは一つの同じものである」と主張している(5)。

例を挙げれば、自然のうちに実在している円と、これもまた神のうちに在る実在している円の観念とは、一つの同じ物であり、それが懸け隔たった属性を通して説明される。このために、われわれが自然を広がりの属性のもとで念おうと、思いの属性、あるいは別のどんな属性のもとで念おうと、一つの同じ順序、言いかえれば原因の一つの同じつながりをわれわれは見出す。つまりは同じ物どもが代る代る出てくるのを見出すであろう。

わたしは、神がただ思う物であるかぎりで、たとえば円の観念の原因であり、ただ広がっている物であるかぎりで円の原因であると言った。それは次のようなわけにほかならなかった。円の観念の形としての有ることは、最近原因としての別の思いの様態を通してでなければ覚知されることができず、さらにこの様態も別のものを通してでなければというようにして無限に遡る。その結果、物が思いの様態として考察されるうちは、全自然の次第、言いかえれば原因のつながりをわれわれは思いの属性だけを通して説明しなければならない。そして、物が広がりの様態として考察されるかぎりでは、全自然の次第もまた広がりの属性だけを通して説明されなければならない。同じことをわたしはほかの属性についても解る。

だから、そのものとして在るとおりの物について、神はじじつその原因であるが、それは神が無限に多くの属性で成るかぎりでである。いまのところわたしはこれをもっと明瞭に説明することができないが。

命題八

実在していない個物、言いかえれば様態の観念は、個物あるいは様態の形としての有りかたが神の属性のうちに含まれるように、神の無限な観念のうちに包み懐かれているはずである。

論証

この命題は前の命題から明白であるが、もっと明瞭には前の備考から解る。

系

ここから次が出てくる。個物が神の属性のうちに包み懐かれるかぎりででなければ実在しないうちは、それらが〔観念のうちで〕対象になっている有ること、言いかえれば観念は、神の無限な観念が実在するかぎりでなければ、実在はしない。そして、個物がたんに神の属性のうちに包み懐かれるかぎりでだけでなく、持続もすると言われるかぎりで、実在すると言われるときには、それらの観念もまた、持続すると言われるゆえんの実在を伴う。

備考

このことをもっとたくさん説明するような例をだれかに望まれても、ここでわたしが語っている事柄は無比のことであるから、余すところなく適切に説明するような例はどうしたって示せない。それでもわたしは事柄を例でもってできるだけ説明するように力めよう。

知られるように、円はその中でたがいに交わるすべての直線について、〔交点で区切られたそれぞれの二つの〕線分のもとで〔掛け合せて出来る〕矩形〔の面積〕がたがいに等しいという性質をそなえる。だから円のうちにはたがいに等しい無限に多くの矩形が含まれている。しかしながら、そのうちのどれも、円が実在するかぎりでなければ実在すると言われることができない。またこれらの矩形のうちの任意の或るものの観念もまた、円の観念のうちに包み懐かれるかぎりでなければ、実在すると言われることはできない。

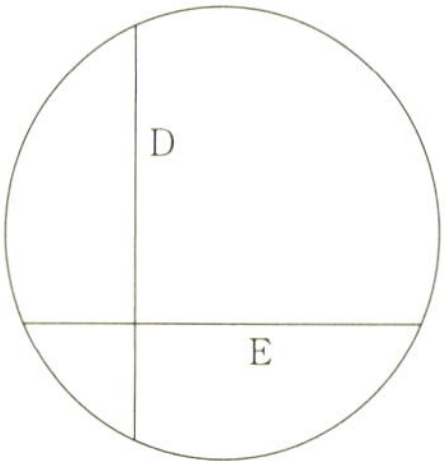

いま無限に多くのそれら〔矩形〕のうち、二つだけ、すなわち〔弦〕EとD〔それぞれの二つの線分を掛け合せて出来る二つの矩形〕が実在することが念われるとしよう[6]。たしかにそれらの観念もいま、円の観念のうちにただ包み懐かれるかぎりで実在するのみならず、それらの矩形の実在を取り込むかぎりでもまた実在し、それによってそのほかの矩形のそのほかの観念から区別されることが生じる。

命題九

現実に実在している個物の観念は神を原因としてもつが、それは神が無限であるかぎりでではなく、神が現実に実在している個物の別の観念に変容したと考察されるかぎりでである。この観念についてもまた神は、別の第三の観念に変容しているかぎりで原因であり、このようにして無限に遡る。

論証

現実に実在している個物の観念は個別の思いの様態であり、そのほかのものとは区別されている（この部の命題八系と備考より）。よってそれは（この部の命題六より）ただ思う物であるかぎりでの神を原因としてもつ。だがその神は（第一部命題二八より）制約なしに思う物であるかぎりではなく、別の思いの様態に変容したと考察されるかぎりでの神である。この様態についてもまた、神は別のものに変容しているかぎりで原因であり、このようにして無限に遡る。しかるに観念の順序とつながりは（この部の命題七より）原因の順序とつながりと同じである。ゆえに、一個の観念には別の観念、言いかえれば別の観念に変容したと考察されるかぎりでの神が原因であり、こちらについてもまた別の観念に変容しているかぎりでの神が原因であり、このようにして無限に遡る。論証以上。

系

どの観念であれ、観念の個々の対象のうちで起きる何についても、神がただ同じ対象の観念をもつかぎりで、神のうちにそれの認識が与えられる。

論証

どんな観念の対象のうちで起きる何についても、神のうちにその観念が与えられるが（この部の命題三より）、それは神が無限であるかぎりではなく、個物の別の観念に変容したと考察されるかぎりでである（前の命題より）。だが（この部の命題七より）観念の順序とつながりは物の順序とつながりと同じである。ゆえに、個々の何らかの対象のうちで起きることの認識は、神がただ同じ対象の観念をもつかぎりで、神のうちに在るであろう。論証以上。

命題一〇

人間の有りかたには実体の有ることは属しない。言いかえれば実体は人間の形相をつくり成さない。

論証

というのも実体の有ることは必然の実在を伴うからである（第一部命題七より）。そうするともし人間の有りかたに実体の有ることが属するとしたら、まさに実体が与えられるや必ず人間が与えられることになり（この部の定義二より）、結果として人間は必ず実在するであろうが、これは（この部の公理一より）背理である。ゆえに云々。論証以上。

備考

この命題はまた第一部命題五、すなわち、自然の性を同じくする二つの実体は与えられないことからも論証される。他方、人間は数多《あまた》実在しうるから、ゆえに人間の形相をつくり成すものは実体の有ることではない。さらにこの命題は実体のそのほかの特性、言うまでもないが、実体がおのれの自然の性によって無限、不変、不可分である等々から明白であり、それはめいめい簡単に見てとれるとおりである。

系

ここから出てくることとして、人間の有りかたは神の諸属性の或るきまった変容態によってつくり成される。なぜなら、実体の有ることは（前の命題より）人間の有りかたには属しないからである。ゆえにこちらは（第一部命題一五より）神のうちに在って、神なしでは在ることも念われることもできない何か、言いかえれば（第一部命題二五系より）神の自然の性を或るきまった決定されたしかたで表現する変容、言いかえるなら様態である。

備考

「神なしでは何も在ることも念われることもできない」ということはどうしたってみなが認めなければならない。なぜならば、神があらゆる物について、その有りかたと実在のただ一つの原因であること、つまり神はたんに、言うところの、物の「生じること」に対する原因であるだけでなく、「有ること」に対しても原因であるということは(7)、みなから異議を挿まれないからである。だがそうしながらも大部分の人たちは、或る物の有りかたには、それなしでは物が在ることも念われることもできないものが属すると言う。よってかれらは、神の自然の性が被造物の有りかたに属すると信じているのか、あるいは被造物が神なしで在るか念われるかできると信じているのか、またはこちらのほうが確かそうだが、十分に首尾一貫していないかである。

思うに、このことは、かれらが哲学する上での順序を守らなかったのが原因であった。なぜかといえば、神の自然の性は認識においても自然の性においても先のものであるから、すべてに先立って観想しなければならなかった。これをかれらは認識の順序において最後のものと信じ、感覚の対象と呼ばれる物がすべてに先立っていると信じたからであった。そこからこういうことが生じた。自然の物を観じている間は、その思わぬことにかけては神の自然の性を下回る物はなかった。そしてあとになって神の自然の性を観想することに心を振り向けたときには、思いを凝らせることの少なさでは、自然の物の認識を積み上げる土台としたみずからの初めの絵空事よりも下回る物がなかったのである。そういう作り話は神の自然の性の認識には何も寄与しえなかったからである。こういうことだから、かれらの言うことがどこでも辻褄が合わなかったとしても何も不思議ではない。

しかし、これはやり過そう。というのも、ここでのわたしの意図はただ、わたしが「或る物の有りかたには、それなしでは物が在ることも念われることもできないものが属する」と言わなかった、そのわけを述べ伝えることであった。もちろんそれは、個物は神なしでは在ることも念われることもできないが、それでも神はそれらの有りかたには属しないからである。けれども、わたしが或る物の有りかたを必然につくり成すと言ったものは、「それが与えられると物が据えられ、それが除かれると物が無くされるもの、あるいは、それがなくては物が、また逆に物がなくてはそれが、在ることも念われることもできないもの」であった。

命題一一

人間の精神の現実の有ることをつくり成す第一のものは、現実に実在している或る個物の観念にほかならない。

論証

人間の有りかたは（前の命題の系より）神の諸属性の或るきまった様態によってつくり成される。ということは（この部の公理二より）思いの諸様態によってつくり成されるのだが、そのみんなのうちでは（この部の公理三より）観念が自然の性で先んじていて、それが与えられると（観念が自然の性で先立つ）そのほかの諸様態は同じ個体のうちに在らねばならない（この部の公理三より）。だから観念は人間の精神の有ることをつくり成す第一のものである。ところがそれは実在していない物の観念ではない。なぜならそのときには（この部の命題八系より）観念そのものが実在すると言うことができないからである。それゆえそれは、現実に実在している物の観念となろう。とはいうものの、無限な物のそれではない。というのも無限な物は（第一部命題二一と二二より）いつでも必ず実在しなければならないからである。しかるにこれは（この部の公理一より）理に背く。ゆえに、人間の精神の現実の有ることをつくり成している第一のものは、現実に実在している個物の観念である。論証以上。

系

ここから出てくるのは、人間の精神が神の無限な知性の部分であるということである。したがって、人間の精神がこれあるいはあれを覚知するとわれわれが言うときには、神が無限であるかぎりでではなく、人間の精神の自然の性を通して説明されるかぎり、言いかえれば人間の精神の有りかたをつくり成すかぎりで、神がこのあるいはあの観念をもつと言っているのにほかならない。

そして、神がこのあるいはあの観念をもつのが、神が人間の精神の自然の性をつくり成すかぎりでだけではなく、人間の精神とともに別の物の観念ももつかぎりでであるとわれわれが言うときには、人間の精神が物を部分的に、言いかえれば不十全に覚知すると言っているのである。

備考

読んでいる者はここでまちがいなくまごついて困惑し、そして進むのを礙《さまた》げるたくさんのことを心に浮ばせるであろう。こういうわけで読者にはお願いしたいが、わたしとともにゆっくり進み、全部を読み通すまではこれらについて判断を下さないようにしてほしい。

命題一二

人間の精神をつくり成している観念の対象のうちで起きることは何であれ、人間精神によって覚知されるはずである。言いかえれば精神のうちにその物の観念が必ず与えられることになる。どういうことかというと、もし人間の精神をつくり成している観念の対象が体であるとすれば、その体のうちには精神によって覚知されないことは何一つ起きえないことになる。

論証

というのもどんな観念の対象のうちで起きる何であれ、神のうちにその物の認識が必ず与えられるが（この部の命題九系より）、それは神が同じ対象の観念に変容したと考察されるかぎりでであり、つまり（この部の命題一一より）或る物の精神をつくり成すかぎりでのことである。こういうしだいで、人間の精神をつくり成している観念の対象のうちに起きることは何でも、神が人間精神の自然の性をつくり成すかぎりで、神のうちにそれの認識が必ず与えられる。つまりは（この部の命題一一系より）その物の認識は必ず精神のうちに在ることになり、言いかえれば精神はそれを覚知する。論証以上。

備考

この命題はこの部の命題七備考にもとづいてもやはり明白であるし、いっそう明瞭に解る。その備考を参照のこと。

命題一三

人間の精神をつくり成している観念の対象は体である。言いかえれば現実に実在している広がりの或るきまった様態であり、ほかの何ものでもない。

論証

というのも、もし体が人間の精神の対象ではないとしたら、体のもろもろの変容の観念は（この部の命題九系より）神がわれわれの精神をつくり成すかぎりでは神のうちになく、別の物の精神をつくり成すかぎりで神のうちに在るであろう。つまり（この部の命題一一系より）体の変容の観念はわれわれの精神のうちにはないであろう。しかるに（この部の公理四より）われわれは体のもろもろの変容の観念をもつ。ゆえに、人間の精神をつくり成している観念の対象は体であって、（この部の命題一一より）現実に実在しているそれである。

それから、体以外に別のものも精神の対象であるとしたら、（第一部命題三六より）何らかの結果がそこから出てこないものは何も実在しないのであるから、（前の命題より）(8)必ずそれの或る結果の観念がわれわれの精神のうちに与えられるはずであろう。しかるに（この部の公理五より）そうしたものの観念は与えられない。ゆえにわれわれの精神の対象は実在している体であり、ほかの何ものでもない。論証以上。

系

ここから、人間は精神と体によって成り、人間の体はわれわれがそれを感受するのに釣り合って実在することが出てくる。

備考

これらからわれわれは、人間の精神が体と一つに結ばれていることを解るだけでなく、精神と体の結びつきということで何を解るべきかということもまた解る。しかしながら、まえもってわれわれの体の自然の性を十全に認識することがなければ、だれもその結びつきを十全に、言いかえれば判明に解ることはできないであろう。というのも、われわれがここまでに示したことは、何にも汎《ひろ》く通じることであり、人間とそのほかの個体を較べて人間に多くあてはまるということはないからである。こうした個体は程度に違いはあってもみな霊《アニマ》をそなえている。なぜかといえば、どんな物でも必ず神のうちにその観念が与えられているからであり、神は人間の体の観念の原因であるのと同じようにそれの観念の原因である。こういうことだから、何であれ、人間の体の観念についてわれわれの述べたことは、どんな物の観念についても必ず言われなくてはならない。

さりながらわれわれは、対象そのもののように、観念どうしそのあいだで異なって、ある観念の対象が別の観念の対象よりも上を行き、物としての性格を多く含むにしたがい、前者の観念が後者のそれよりもすぐれ、物としての性格を多く含むということもまた否定できない。こういうわけで、人間の精神がそのほかのものとどこまで隔たり、どれだけほかのものよりもすぐれるかということを測り定めるために、われわれにとって必要なのは、すでに言ったようにそれの対象、つまり人間の体の自然の性を認識することである。だが、ここでそれに説明を施すことは叶わないし、わたしが論証しようと志すことのためにそれは必要でもない。それでも一般のこととしてこう言おう。或る体がほかと較べて、数多くのはたらきをともに行い、あるいは多くのはたらきをともに受けるのに向いていればいるほど、それの精神はほかよりも多くのものをともに覚知することに向く。また、或る体の行動が自身のみにいっそう倚《よ》りかかり、別の体、物体がそれとともにはたらくことに加わるのが減れば減るほど、それだけその精神はいっそう判明に解ることに向く。これらからわれわれは、或る精神が他よりもすぐれることを認識できる。それからなぜわれわれが自分の体についてまったく混乱した認識しか持ち合せないかというわけや、この先でわたしがこれらから演繹する他の多くのこともまた見てとることができる。それがために、これらのことどじたいをいっそう入念精確に説明し論証することは労力に価すると考えたのだが、そのためには、物体の自然の性について少しくまえ置きすることが必要となる。

公理一

物体はすべて運動するか、静止するかである。

公理二

一つ一つの物体はときにいっそうゆっくり、ときにいっそう速く運動する。

補題一

物体がたがいに区別されるのは、運動と静止、速さと遅さの理由によってであり、実体ということが理由になってではない。

論証

この補題の初めの部分はおのずと知られると想定する。ところが実体ということを理由として物体が区別されないことは、第一部の命題五からも命題八からも明白である。しかし、いっそう明瞭には第一部命題一五の備考で言われたことからそうなる。

補題二

すべての物体はなにがしかの点で一致する。

論証

というのも次の点ですべての物体は一致するからである。すなわち、一つの同じ属性の思念を伴う点で（この部の定義一より）。それから、ときにいっそうゆっくり、ときにいっそう速く、つまるところ、ときに運動し、ときに静止できる点で一致するからである。

補題三

運動している物体、あるいは静止している物体は、別の物体から運動か静止かに決定されたはずであり、それもまた別のものから運動か静止かへ決定されていて、さらにそれも別のからというようにして、無限に遡る。

論証

物体は（補題一より）運動と静止を理由としてたがいに区別される個物である（この部の定義一より）。よって（第一部命題二八より）一つ一つは別の個物から、すなわち（この部の命題六より）別の物体から運動か静止へと必然に決定されたはずであり、その物体は（公理一より）また運動か静止している。ところがこれもまた、（同じ理由により）もし別のものから運動か静止へ決定されていなければ、運動あるいは静止ができなかった。またこれもさらに（同じ理由により）別のものからというようにして無限に遡る。論証以上。

系

　ここから次のことが出てくる。運動している物体は別の物体から静止することへ決定されるまでの間は運動する。静止している物体もまた別のものから運動へ決定されるまでの間は静止する。これもまたおのずと知られる。なぜかといえば、物体、たとえばAが静止していると想定し、運動している別の物体に目を注がないときには、わたしは物体Aについて、静止しているということ以外には何も言えないことになるから。そして、もしあとになって物体Aが運動することが起きるとしたら、それはどうしたって静止していたことからは生じ来《きた》ることができなかった。そこからは、物体Aは静止するということよりほかには、何も出てきえなかったからである。

　反対に、Aが運動していると想定されるならば、われわれがAだけに目を注ぐそのつど、われわれはそれについて運動しているということ以外に何も断言できないことになる。あとになってAが静止することが起きるなら、そのことはまた、Aがもっていた運動からはたしかに来りえなかった。運動からは、Aが運動するであろうということよりほかには何も出てきえなかったから。こうしてそれはAのうちになかったものごと、すなわち静止することへ決定したそとの原因によって起きる。

公理一

或る物体が別の物体から触発されるしかたはみな、触発される物体の自然の性からとともに、触発している物体の自然の性から帰結する。その結果、一つの同じ物体が、動かしている物体の自然の性がさまざまであることに応じて、さまざまなしかたで動かされ、また反対に、さまざまな物体が一つの同じ物体からさまざまなしかたで動かされる。

公理二

運動している物体がもう一つの静止している、動かせない物体に突き当るときには、はね返って運動し続ける。そして、突き当った静止している物体の面とはね返る運動進路とのあいだの反射角は、入射する運動進路が同じ面とのあいだにつくる角度と等しくなる。

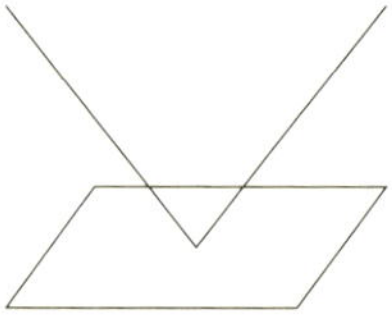

以上は単純きわまる物体、すなわちただ運動と静止、速さと遅さによってたがいに区別される物体についてであった。いまからわれわれは複合された物体へ昇っていく。

定義

大きさが同じかまたはさまざまな或る数の物体がほかのものから圧《お》されてたがいに寄り合うとき、あるいはそれらが同じかまたはさまざまな速度で運動して、みずからの運動をきまったなにがしかの比でたがいに伝え合うとき、われわれはそうした物体がたがいに一つに結ばれていると言い、すべてが一緒に、物体のこの結びつきを通してそのほかとは区別される、一つの物体、言いかえれば個体を成すと言うであろう。

公理三

個体、あるいは複合された物体の部分がたがいに寄り合う表面が大きいか小さいかによって、それらがおのれの位置を変えるように強いるのを可能にすることがそれだけいっそうむずかしく、あるいは簡単になる。結果として当の個体が別の形態を纏《まと》うようにさせるのを可能にすることもそれだけいっそうむずかしいか、あるいは簡単になる。そうしてここから、部分が大きな表面に合せてたがいに寄り合う物体をわたしは**硬い**と呼び、対するに、わずかな面に合せて部分が寄り合うものを**軟かい**、おしまいに部分どうしのあいだで動くものを**流動している**と呼ぶことにする。

補題四

数多くの物体から成る物体、言い直すと個体のうちから、なにがしの物体が隔て離されるとしても、同時に、それらと自然の性を同じくする同数の別のものがその場所を埋めるならば、個体はその形相を何ら変えずに、まえと同じく、おのれの自然の性を保つことになる。

論証

というのも、物体は（補題一より）実体ということを理由としては区別されず、個体の形相をつくり成すものはといえば（前の定義より）物体の結びつきに存するからである。しかるにこちらは（仮定により）物体もろもろの絶えざる変化が生じるにもかかわらず、保たれる。ゆえに個体は、実体ということを理由としても様態ということを理由としても、まえと同じく、おのれの自然の性を保つことになる。論証以上。

補題五

個体を成している部分がいっそう大きくあるいは小さくなるにいたっても、すべてがまえのように運動と静止の同じ比をたがいに守るならば、個体はまえと同じしかたで、形相を何ら変えずに、おのれの自然の性を保つことになる。

論証

これの論証はまえの補題の場合と同じである。

補題六

個体を成しているなにがしかの物体が一方の側へ向いている運動を別の側へ向きを変えるように強いられるとしても、おのれの運動を続けることができ、しかもまえと同じ比でそれらをたがいに伝え合うことができるようになされるならば、個体は形相を何ら変えずに同じようにおのれの自然の性を保つことになる。

論証

おのずと明白。というのもそれは、個体の定義でその形相をつくり成すとわれわれが述べたすべてを保つと想定されているからである。

補題七

加えて、このように成った個体は、全体として運動しようと静止しようと、どちらの側へ向いて運動しようと、一つ一つの部分がおのれの運動を保ち、それをまえと同じようにそのほかの部分へ伝えさえすれば、おのれの自然の性を保つ。

論証

個体の定義から明白。定義は補題四のまえを見よ。

備考

さてこれらでもって、複合された個体がたくさんのしかたで触発されうるにもかかわらず、どういう理由でその自然の性が守られるのかということをわれわれは見てとる。また、ここまではわれわれが念ったのは、ただ運動と静止、速さと遅さによってたがいに区別される物体からのみ成る、つまり単純きわまる物体から成る個体であった。

そうしていま、さまざまな自然の性の数多くの個体から成った別の個体を念っても、それが別の数多くのしかたで触発されることができ、それでもその自然の性が守られるのをわれわれは見出すことになる。なぜかといえば、それの部分一つ一つは数多くの物体から成っているから、まさに（前の補題より）おのおのの部分はその自然の性を何ら変えることなく、ときにいっそうゆっくり、ときにいっそう速く運動でき、その結果おのれの運動をいっそうすばやく、あるいはいっそうゆっくりとほかの部分に伝えられることになるからである。

そしてその上、これらの第二の個体から成った三番目の種類の個体をわれわれが念っても、このものは、その形相を何ら変えることなく、ほかのたくさんのしかたで触発されうることをわれわれは見出すことになる。そしてこういうふうにもっと無限に歩を進めるならば、全自然が一個の個体であって、それの部分、つまりすべての物体は無限に多くのしかたで移り変わり、個体全体には何ら変更がないことをわれわれは容易に念うようになる。

物体について余さず論じることをもくろんでいたのだったら、これらのこともわたしはもっと詳しく説明し、論証しなければならなかったであろう。しかし、もう言っておいたように、わたしが志すのは別のことであるし、こうしたことを持ち出したのは、わたしが論証しようと決めたことをそれらから簡単に演繹できるからにほかならなかった。

要請

一　人間の体はひじょうに多くの（自然の性を異にする）個体から成り、その一つ一つが複合の度をきわめている。

二　人間の体を成り立たせている個体のうち、なにがしかは流動しており、なにがしかは軟かく、おしまいになにがしかは硬い。

三　人間の体を成している個体、結果として人間の体そのものはそとのもろもろの物体によってひじょうに多くのしかたで触発される。

四　人間の体が維持されるには、ひじょうに多くのほかの物体を必要とし、それらによってたえずいわば再生される。

五　人間の体の流動している部分が頻《しき》りに別の軟かい部分に突き当るようにそとの物体から決定されるときには、軟かい部分の面を変え、さながら駆り立てているそとの物体のなにがしかの跡をそれに刻みとどめる。

六　人間の体はそとの物体をひじょうに多くのしかたで動かし、かつひじょうに多くのしかたで状態に促すことができる。

命題一四

人間の精神はひじょうに多くのものを覚知するのに向いていて、その体が多くのしかたで状態に促されうるほど、それだけいっそうそれに向く。

論証

というのも、人間の体は（要請三と六より）そとの物体によってひじょうに多くのしかたで触発され、そとの物体をひじょうに多くのしかたで触発しやすい状態に促される。ところが、人間の体のうちで起きることはすべて（この部の命題一二より）、人間の精神が覚知するはずである。ゆえに、人間の精神はひじょうに多くのものを覚知するのに向いていて、その体が云々。論証以上。

命題一五

人間の精神の形としての有ることをつくり成す観念は単純ではなく、ひじょうに多くの観念から複合されている。

論証

人間の精神の形としての有ることをつくり成す観念は体の観念であり（この部の命題一三より）、その体は（要請一より）複合の度をきわめたひじょうに多くの個体から成る。ところが、体を成している個体どれについても、（この部の命題八系より）必ず神のうちに観念が与えられる。それゆえ（この部の命題七より）人間の体の観念は、成り立たせている部分のこれらひじょうに多くの観念から複合されている。論証以上。

命題一六

人間の体がそとの物体によって触発されるどんなしかたでも、その観念は、人間の体の自然の性とともに、そとの物体の自然の性を伴うはずである。

論証

というのも、或る物体が触発されるしかたはみな、触発される物体の自然の性からとともに、触発している物体の自然の性から帰結するからである（補題三系のあとの公理一より）。だからそれらの観念は（第一部公理四より）両方の物体の自然の性を必ず伴う。よって、人間の体がそとの物体によって触発されるどんなしかたでも、その観念は、人間の体とそとの物体との自然の性を伴う。論証以上。

系一

ここから帰結するのは第一に、人間の精神はみずからの体の自然の性と同時にひじょうに多くの物体の自然の性を覚知するということである。

系二

第二に帰結するのは、そとの物体についてわれわれがもつ観念は、そとの物体の自然の性よりはわれわれの体のしくみをいっそう指し示すということであり、そのことをわたしは第一部の付録でたくさんの例で説明した。

命題一七

もし人間の体が或るそとの物体の自然の性を伴うしかたで触発されているとすれば、人間の精神はそのそとの物体を現実に実在しているように、あるいはみずからのまえに在るように眺め、当の物体の実在あるいはまえに在ることを締め出す状態に体が触発されるまではそのように眺めることになる。

論証

明白。なぜなら、人間の体がそのように触発されているうちは、人間の精神は（この部の命題一二より）体のこの変容を眺めることになる。つまり現実に実在している様態の観念をもつことになるが、その観念はそとの物体の自然の性を伴う（前の命題より）。つまり、そとの物体の自然の性の実在あるいはまえに在ることを締め出さずに、かえって据える観念をもつことになるからである。よって、精神は（前の系一より）そとの物体を現実に実在しているように、あるいはまえに在るように眺め、当の物体の実在あるいはまえに在ることを締め出す状態に体が触発されるまでは云々。論証以上。

系

精神は人間の体が一度触発されたそとの物体を、それらが実在しておらず、またまえになくても、あたかもまえに在るかのように眺められるであろう。

論証

そとの物体が人間の体の流動している部分を、それがもっと軟かい部分に頻りに突き当るように決定するあいだは、それらの面を変える（要請五より）。そこから生じるのは（補題三系のあとの公理二を見よ）、それからはそれらの物体がまえに習いとなっていたのとは別のしかたではね返り、またあとになっても流動している部分はみずからの自発の運動で当の新たな面にぶつかる場合、そとの物体からその面に向って駆り立てられたときと同じしかたではね返るということである。その結果、そのようにはね返りながら運動を続けるあいだ、それらは人間の体を同じしかたで触発し、これについて（この部の命題一二より）精神のほうでも思うであろうこと、つまり（この部の命題一七より）精神のほうもまたそとの物体をまえに在るように眺めるであろうということになる。そして、このことは、人間の体の流動している部分がみずからの自発の運動でもって当の面にぶつかるたびごとに生じる。そのために、人間の体が一度触発を受けたそとの物体がたとい実在しなくても、精神は体のこのはたらきが繰り返されるそのつど、それらをまえに在るように眺めることになる。論証以上。

備考

こうしてわれわれは、よくあるように、ないものをあたかもまえに在るかのように眺めることがどのようにして生じうるのかということを見てとる。またこのことは別の原因のゆえに起ることもありえる。しかし、ここでわたしにとっては、事柄を真の原因を通して示したかのように説明できる原因を一つ示していれば足りる。それでも、わたしの信じるところでは、真なるものから遠くはずれているというわけではない。わたしの採用した要請はみな、経験によって確かめられていないことをほとんど含まないし、人間の体はわれわれが感受するのに釣り合って実在することが示されたのちには（この部の命題一三のあとの系を見よ）経験について疑うことはわれわれに許されないから。

その上に（前の系とこの部の命題一六系二とから）われわれはたとえば次の二つの観念、ペテロ自身の精神の有りかたをつくり成すペテロの観念と、別の人間（パウロとしよう）のうちに在るペテロその人の観念とのあいだの違いがいったい何かということを明晰に解る。前者はペテロみずからの体の有りかたを直接に説明し、ペテロが実在しているうちでなければ、実在を伴わない。対するに後者はペテロの自然の性よりもパウロの体のしくみをいっそう指し示すのだから。そのためにパウロの体のそのしくみが持続しているうちは、パウロの精神は、ペテロが実在しなくても、ペテロを自分のまえにいるように眺めることになる。

加えて、慣用の語を保つために、観念がそとの物体をわれわれのまえに在るかのように呈示する人間の体の変容を、われわれは、物の外形を再現はしないが、物の「像」と呼ぶことにする。そして精神がこの絡みで物体を眺める場合に、われわれは精神が「想像する」(9)と言うことにする。

なおここで、誤りとは何かということの指摘に取りかかるためにわたしが望むのは、精神の想像は、そのものを観察すれば、誤りを何ら含まないこと、言いかえるなら、精神は想像するから誤りを犯すのではなく、自分のまえに在ると想像している物の実在を締め出す観念を失っていると考えられるかぎりでのみ誤るのだということに注意してもらいたい。なぜかといえば、もし精神が実在していない物を自分のまえに在るように想像しているあいだにも、同時にその物がほんとうは実在しないことを知っているとしたら、精神は想像するこの力をおのれの自然の性の欠陥ではなく、まちがいなく、長所とするであろうから。とりわけ想像のこの才がみずからの自然の性だけにかかっている、つまりは（第一部定義七より）精神が想像するこの才が自由であるとしたら、そうであろう。

命題一八

もし人間の体が一緒に二つの、もしくは数多くの物体から一度触発を受けたとしたら、精神はあとになってそれらのうちの或るものを想像するときには、直ちに別のものを思い起すことになる。

論証

精神が或る物体を想像するのは（前の系より）、人間の体のなにがしかの諸部分がそとの物体によって駆り立てられた折に触発されたのと同じしかたで、体が当のそとの物体の跡によって触発を受け、状態に促されるためである。だが（仮定により）体はそのときに、精神が二つの物体を一緒に想像するような状態に促されていた。ゆえに、いまも精神は二つを一緒に想像するであろう。そして、そのうちの一方を想像するときには直ちにもう一方を思い起すことになる。論証以上。

備考

ここからわれわれには「記憶」とは何かということがはっきりと解る。というのもそれは、人間の体のそとに在る物どもの自然の性を伴っている観念のなにがしかの連鎖にほかならないから。そして、この連鎖が精神のうちに生じるのは人間の体の変容の順序と連鎖に合せてである。

第一にわたしは、ただ人間の体のそとに在る物どもの自然の性を伴っているような観念の連鎖であると言い、それらの物の自然の性を説明する観念の連鎖であるとは言わない。それらはほんとうのところ（この部の命題一六より）人間の体の変容の観念であって、この体の自然の性もその物体の自然の性も伴うからである。

第二にわたしが、この連鎖が人間の体の変容の順序と連鎖に合せて生じると言うのは、それを知性の順序に合せて生じる観念の連鎖から区別するためであって、知性の順序によって精神は物をその第一の諸原因を通して覚知し、その順序はすべての人間にあって同じである。

そしてここからさらに進んでわれわれは、なぜ精神がある物の思いから、それとは似たところを何もそなえないもう一つの物の思いへただちに及ぶのかということをはっきりと解る。たとえばこのように。ローマの人はポームムという語を思うことから、ただちに果物を思うように誘《いざな》われるであろうが、その果物は発音されたその響きと似たところを何もそなえないし、共通の点を何かそなえるわけでもない。あるとすればただ、その人間の体がこれら二つから頻りに触発されたことがある、つまりはその人が当の果物を見ていたあいだによくポームムという語を耳にしたことがあるという点だけである。このようにしてめいめい、慣わしによって物の像がそれぞれの体に組み入れられているのに応じて、ある思いから別の思いに及ぶことになる。たとえば兵士《つわもの》は砂の上に馬の足跡を見たら、馬を思うことからただちに馬の乗り手を思い、それから戦《いくさ》を思うことなどへ誘われる。ところが、田夫《でんぷ》は馬を思うことから犂《すき》や畑などを思うことへ誘われる。このようにめいめいは、物の像をあれこれのしかたでつなぎ合せ、鎖のように連ねることに慣れているのに応じて、一つの思いからあれこれの思いへと誘われるであろうから。

命題一九

人間の精神は、体が触発される変容の観念を通してでなければ、人間の体そのものを認識しないし、また体が実在することを知らない。

論証

というのも、人間の精神とは人間の体の観念そのもの、言いかえれば認識であり（この部の命題一三より）、それは（この部の命題九より）神のうちにたしかに在るが、神がほかの個物の観念に変容したと考察されるかぎりでだからである。もっと言うと（要請四より）人間の体はひじょうに多くの物体を必要とし、それらによってたえずいわば再生されるため、また、観念の順序とつながりは（この部の命題七より）原因の順序とつながりと同じであるため、この観念は、神がひじょうに多くの個物の観念に変容したと考察されるかぎりで、神のうちに在ることになろう。

こうして神が人間の体の観念をもつのは、言いかえれば、人間の体を認識するのは、神がひじょうに多くの別の観念に変容したかぎりでであって、神が人間の精神の自然の性をつくり成すかぎりでではない。つまり（この部の命題一一系より）人間の精神は人間の体を認識しない。

ところが、体の諸変容の観念は、神が人間の精神の自然の性をつくり成すかぎりで、神のうちに在る。言いかえるなら、人間の精神はほかならぬ諸変容を覚知し（この部の命題一二より）、結果として（この部の命題一六より）人間の体そのものを、しかもそれを（この部の命題一七より）現実に実在しているように、覚知する。ゆえに、そのかぎりでだけ人間の精神は人間の体そのものを覚知する。論証以上。

命題二〇

人間の精神についても神のうちに観念、言いかえると認識が与えられ、それは人間の体の観念、言いかえれば認識と同じしかたで神のうちにもたらされ、また同じしかたで神のものとされる。

論証

思いは神の属性であり（この部の命題一より）、よって（この部の命題三より）それについてもそのすべての変容についても、結果として（この部の命題一一より）人間の精神についてもまた、神のうちに必ず観念が与えられるはずである。それから、精神のこの観念、言いかえると認識が、神のうちに与えられることが帰結するのは、神が無限であるかぎりでではなく、神がほかの個物の観念に変容したかぎりでである（この部の命題九より）。だが、観念の順序とつながりは原因の順序とつながりと同じである（この部の命題七より）。それゆえ、精神のこの観念、言いかえると認識は神のうちにもたらされ、体の観念、言いかえれば認識と同じしかたで神のものとされる。論証以上。

命題二一

精神のこの観念は、精神そのものが体と結ばれているのと同じしかたで精神と結ばれている。

論証

精神が体と結ばれていることを、われわれは、まさに体が精神の対象であることから示した（この部の命題一二と一三とを見よ）。よって同じその理屈により、精神の観念はその対象、つまりは精神自身と、精神そのものが体と結ばれているのと同じしかたで、結ばれているはずである。論証以上。

備考

この命題はこの部の命題七の備考で述べたことからずっと明晰に解る。というのもそこでわれわれは、体の観念と体が、つまり（この部の命題一三より）精神と体とが一つの同じ個体であり、それがときに思いの、ときに広がりの属性のもとで念われることを示しておいたからである。だから精神の観念と精神そのものとは一つの同じ物であり、それが一つの同じ属性、ということは思いの属性のもとで念われる。言うなら、精神の観念と精神そのものとは神のうちに同じ必然で、同じ思う力にしたがって与えられることが出てくる。なぜならば、ほんとうのところ、精神の観念、つまり観念の観念とは、観念が思いの様態として、対象に対する関係を離れて考察されるかぎりで、観念の形式以外の何ものでもないからである。じっさい、だれかが何かを知るやいなや、まさにそのことによって、自分がそれを知ることを知り、また同時に、知ることを自分が知ることを知り、このようにして無限に進むわけだから。だがこれらについてはあとにする。

命題二二

人間の精神は体の変容だけではなく、これらの変容の観念もまた覚知する。

論証

変容の観念について観念が神のうちにもたらされ、神のものとされるが、それは変容の観念そのものと同じしかたでである。これはこの部の命題二〇と同じしかたで論証される。ところが体の変容の観念は人間の精神のうちに在って（この部の命題一二より）、つまりは（この部の命題一一系より）神が人間の精神の有りかたをつくり成すかぎりで神のうちに在る。ゆえに、神が人

間の精神の認識、言いかえると観念をもつかぎりで、これらの観念の観念が神のうちに在ること
になろう。つまりそれは（この部の命題二一より）人間の精神そのもののうちに在ることになり、
精神はこういうわけで体の変容ばかりかそれらの観念もまた覚知する。論証以上。

命題二三

精神は体の変容の観念を覚知するかぎりででなければおのれ自身を認識しない。

論証

精神の観念、言いかえると認識は（この部の命題二〇より）体の観念言いかえれば認識と同じしかたで神のうちにもたらされ、また同じしかたで神のものとされる。ところが、（この部の命題一九より）人間の精神は人間の体そのものを認識しないから、つまり（この部の命題一一系より）人間の体の認識は、神が人間の精神の自然の性をつくり成すかぎりでは、神のものとされないから、それゆえ精神の認識も、神が人間の精神の有りかたをつくり成すかぎりでは、神のものとされない。だから（同じこの部の命題一一系より）人間の精神はそのかぎりではおのれ自身を認識しない。

次いで、体が触発を受ける変容の観念は、当の人間の体の自然の性を伴い（この部の命題一六より）、つまり（この部の命題一三より）精神の自然の性と一致する。そのためにこれらの観念

の認識は精神の認識を必ず伴う。ところが（前の命題より）これらの観念の認識は人間の精神自身のうちに在る。ゆえに人間の精神はただそのかぎりでのみおのれ自身を識っている。論証以上。

命題二四

人間の精神は、人間の体を成り立たせている部分の十全な認識を伴わない。

論証

人間の体を成り立たせている部分は、みずからの運動をきまったなにがしかの比でたがいに伝え合うかぎりでなければ、当の体の有りかたには属せず（補題三系のあとの定義を見よ）、それが個体として人間の体に対する関係を離れて考察されうるかぎりではそこに属しない。というのは、人間の体の諸部分は（要請一より）複合の度をきわめた個体であり、それらの部分は（補題四より）人間の体の自然の性と形相をそっくり守ったまま、そこから隔て離されることができ、おのれの運動を（補題三のあとの公理一を見よ）別の諸物体に別の比で伝えられるからである。だから（この部の命題三より）どの部分であれその観念、言いかえると認識が神のうちに在ることになるが、それは少なくとも（この部の命題九より）神が個物の別の観念に変容したと考察されるかぎりでのことであり、その個物は自然の順序の上で当の部分よりも先である（この部の命題七より）。かつまた、同じそのことは、人間の体を成している当の個体のどんな部分についてもも言われるべきである。よって、人間の体を成り立たせているどの部分であれ、その認識は、神が諸物のひじょうに多くの観念に変容したかぎりで、神のうちに在るが、神がただ人間の体の観念だけを、つまり（この部の命題一三より）人間の精神の自然の性をつくり成す観念だけをもつかぎりでは、神のうちにない。こうして（この部の命題一一系より）人間の精神は、人間の体を成り立たせている部分の十全な認識を伴わない。論証以上。

命題二五

人間の体のどんな変容の観念であれ、そとの物体の十全な認識を伴わない。

論証

人間の体の変容の観念は、当の人間の体をそとの物体がきまったなにがしかのしかたで決定するかぎりで、そとの物体の自然の性を伴うことをわれわれは示した（この部の命題一六を見よ）。ところが、そとの物体が人間の体のものとされない個体であるかぎりは、それの観念、言いかえると認識が神のうちに在るのは（この部の命題九より）神が別の物の観念に変容したと考察されるかぎりでであり、その物は（この部の命題七より）そとの物体自身よりも自然の性の上で先立っている。そのために、そとの物体の十全な認識は、神が人間の体の変容の観念をもつかぎりでは、神のうちにない。言いかえれば、人間の体の変容の観念はそとの物体の十全な認識を伴わない。論証以上。

命題二六

人間の精神はおのれの体の変容の観念を通してでなければそとの物体を現実に実在しているように覚知しない。

論証

もし何らかのそとの物体によって人間の体がいかなるしかたでも触発を受けなかったとすれば、まさに（この部の命題七より）人間の体の観念も、つまり（この部の命題一三より）人間の精神もその物体の実在の観念によっていかなるしかたでも触発されなかったし、言いかえるとそのそとの物体の実在をいかなるしかたでも覚知しない。ところが人間の体がそとの或る物体によって何らかのしかたで触発されるかぎり、そのかぎりで精神もまた(10)（この部の命題一六とその系一より）そとの物体を覚知する。論証以上。

系

人間の精神がそとの物体を想像するかぎり、そのかぎりではそれの十全な認識をもたない。

論証

人間の精神がおのれの体の変容の観念を通してそとの物体を眺めるとき、精神が想像するとわれわれは言う（この部の命題一七備考を見よ）。また精神は別の絡みでは（前の命題より）その物体を現実に実在しているように想像できない。だから（この部の命題二五より）精神はその物体を想像するかぎりでは、それらの十全な認識をもたない。論証以上。

命題二七

人間の体の、何であれ変容の観念は、人間の体そのものの十全な認識を伴わない。

論証

人間の体の、何であれ変容の観念はどれも、人間の体そのものがきまったなにがしかのしかたで触発されると考察されるかぎり（この部の命題一六より）、そのかぎりで人間の体の自然の性を伴う。ところが人間の体が別のたくさんのしかたで触発されうる個体であるかぎり、それの観念は云々。この部の命題二五論証を見よ。

命題二八

人間の体の変容の観念は、人間の精神のものだけとされるかぎりでは、明晰判明ではなく、混乱している。

論証

というのは、人間の体の変容の観念は、当の人間の体の自然の性と同じくらい、そとの物体の自然の性も伴い（この部の命題一六より）、また、人間の体のみならずその諸部分の自然の性をも伴うはずであるから。なぜなら、変容とは人間の体の諸部分が触発され、その結果体全体が触発される様態だからである（要請三より）。ところが（この部の命題二四と二五より）そとの物体の十全な認識は、人間の体を成している諸部分のそれと同様に、神が人間の精神に変容したと考察されるかぎりでは神のうちになく、在るのは、神が別の諸観念に変容したと考察されるかぎりでである。ゆえにこれらの変容の観念は、人間の精神だけのものとされるかぎりでは、あたかも前提抜きの帰結のようなものであり、つまりは（おのずと知られるように）混乱した観念である。論証以上。

備考

人間の精神の自然の性をつくり成す観念は、それだけを考察すると、明晰判明ではないことが、同じしかたで論証される。人間の精神の観念、また人間の体の諸変容の観念の観念もまた、独り精神だけのものとされるかぎりでは、同じであることは、めいめい簡単に見てとれる。

命題二九

人間の体のどんな変容の観念の観念も、人間の精神の十全な認識を伴わない。

論証

というのは、人間の体の変容の観念は（この部の命題二七より）体そのものの十全な認識を伴わず、言いかえると、それの自然の性を十全に表現しない。つまりは（この部の命題一三より）精神の自然の性と十全には一致しないからである。よって（第一部公理六より）この観念の観念は人間の精神の自然の性を十全に表現せず、言いかえればそれの十全な認識を伴わない。論証以上。

系

ここから出てくるのは、人間の精神は、自然の共通の次第から物を覚知する折にはいつも、おのれ自身についても、おのれの体についても、そとの物体についても、十全な認識をもたず、ただ混乱した、切れ切れの認識だけをもつということである。なぜかといえば精神は、体の変容の観念を覚知するかぎりででなければ、おのれみずからを認識しないからである（この部の命題二三より）。おのれの体はといえば（この部の命題一九より）変容の観念そのものを通してでなければ精神は覚知せず、これらの観念を通してだけ（この部の命題二六より）そとの物体も覚知する。だから体の変容の観念をもつかぎりでは、おのれ自身についても（この部の命題二九より）、おのれの体についても（この部の命題二七より）、そとの物体についても（この部の命題二五より）、十全な認識をもたず、ただ（この部の命題二八とその備考より）切れ切れの混乱した認識だけをもつ。論証以上。

備考

ことさらにわたしは言う。精神がおのれ自身についても、おのれの体についても、そとの物体についても、十全な認識をもたず、ただ混乱した認識だけをもつのは、自然の共通の次第から物を覚知する折ごとのこと、つまりそとから、ということは物との偶たまの出遭いから、あれこれを眺めるように決定される折ごとのことである。うちからのときはそうではない。すなわち、多くの物を一緒に眺めることから、それらの一致点、相違点、対立点を解るように決定される場合である。じっさいこういったしかたでうちから促される折には、先で示すように、精神は物を明晰判明に観想するからである。

命題三〇

われわれは自分の体の持続についてごく不十全な認識以外にもつことができない。

論証

われわれの体の持続はその有りかたに依存せず（この部の公理一より）、また神の無条件な自然の性にも依存しない（第一部命題二一より）。かえって（第一部命題二八より）もろもろの原因によって、実在し、為事をすることへ決定されるが、それは、これらの原因もまた別の原因によって或るきまった決定された関係で実在し為事をすることへ決定されたというような原因によってである。さらにこの別の原因もまた別の原因によっており、このように無限に遡る。こういうしだいで、われわれの体の持続は、自然の共通の次第ともろもろの物のしくみとにかかっている。一方、ものごとがどんな関係でしくまれているかということになると、そのことの十全な認識は、神がそれらいっさいのものの観念をもつかぎりで神のうちに与えられるのであり、ただ人間の体の観念だけをもつかぎりでは与えられることがない（この部の命題九系より）。それゆえ、われわれの体の持続の認識は、神がただ人間の精神の自然の性をつくり成すと考察されるかぎりでは、神にあってごく不十全である。つまりは（この部の命題一一系より）この認識はわれわれの精神のうちでごく不十全である。論証以上。

命題三一

われわれは、われわれのそとに在る個物の持続について、ごく不十全な認識以外にもつことができない。

論証

というのは、一つ一つの個物は、人間の体と同じように、或るきまった決定された関係で実在し為事をすることへ別の個物から決定されるはずである。この個物のほうも別のものから決定されるはずであり、このように無限に遡るからである（第一部命題二八より）。ところで個物のこの共通の特性からわれわれは前の命題で、自分の体の持続についてごく不十全な認識しかもたないことを論証したばかりだ。であるからまさに、この同じことが、個物の持続について、すなわちそれのごく不十全な認識以外にわれわれはもつことができないということが、結論されなければならないことになる。論証以上。

系

ここから出てくるのは、すべて特殊の物〔個物〕は偶然であり、崩れうるということである。なぜなら、それらの持続についてわれわれは十全な認識を何らもてず（前の命題より）、このことが、物の偶然と崩れる可能性ということでわれわれの解るべきことだからである（第一部命題三三備考一を見よ）。なぜかといえば（第一部命題二九より）このほかには偶然のものは何も与えられないからである。

命題三二

すべての観念は、神のものとされるかぎり、真である。

論証

というのは、神のうちに在るすべての観念はおのれの観念対象とそっくり一致し（この部の命題七系より)、よって(第一部公理六より)すべては真であるから。論証以上。

命題三三

観念のうちには、偽と言われるわけを成す肯定的な性質のものは何もない。

論証

これを否定しようとする場合、誤りの、言いかえれば虚偽の形相をつくり成す思いの肯定的な様態を、生じうるとして、念ってみよ。この思いの様態は神のうちには在りえない(前の命題より)。一方、神のそとにもまた在ることも念われることもできない(第一部命題一五より)。だから観念のうちには、偽と言われるわけを成す肯定的な性質のものは何も与えられることができない。論証以上。

命題三四

われわれのうちで欠けるところのない、言いかえるなら十全で完全な観念はみな真である。

論証

われわれのうちに十全で完全な観念が与えられるとわれわれが言うとき、言われているのは(この部の命題一一系より)神がわれわれの精神の有りかたをつくり成すかぎり、神のうちに十全で完全な観念が与えられるということにほかならない。結果として（この部の命題三二より）われわれが言うのは、そのような観念が真であるということにほかならない。論証以上。

命題三五

虚偽は、不十全な、言いかえると、切れ切れで混乱した観念が伴う認識の奪われに存する。

論証

観念のうちには、虚偽の形相をつくり成す肯定的な性質のものは何も与えられない（この部の命題三三より）。ところが虚偽は無条件の奪われには存しえないし（というのも誤る、間違うと言われるのは体ではなく、精神だから）、絶対の無知にも存しえない。じっさい無知であることと誤ることとは異なっているからである。それゆえそれは、物の不十全な認識、言いかえれば不十全で混乱した観念が伴う認識の奪われに存する。論証以上。

備考

この部の命題一七の備考でわたしは、どんな関係で誤りが認識の奪われに存するのかということを説明した。だが、このことのさらに行き届いた説明のために、一つの例を出そう。こういうことである。人びとが自分を自由であると考えているのは間違っている。この意見は、人びとが自分の行いを意識はしつつ、決定している原因を知らずにいることだけで成り立っている。まさにこれがかれらの自由の観念で、すなわち、自分の行いの原因を何も認識しないということなのである。というのも、かれらが言うところでは、人の行いは意志にかかっているということだが、これはおしゃべりであり、かれらがその言葉について観念を抱いているわけではないからである。じっさい、意志とは何か、また、どのようにして意志が体を動かすのか、みな知っていないからで、そうではないと自慢げに言ったり、心の座や住処を頭に描く者は笑われたり嫌気を起させたりするのが常である。(11)

同様に、太陽をわれわれが見遣《や》るとき、それを二百呎《フィート》ほどわれわれから隔たっていると想像するが、その誤りはこの想像のみに存するのではなく、太陽をそのように想像するあいだにそのほんとうの隔たりとこの想像の原因とをわれわれが知っていないということで成り立っている。なぜなら、あとで太陽は地球の直径の六百倍よりもっとわれわれから隔たっていることを認識するとしても、それにもかかわらず近くに在るとわれわれは想像することになるから。というのも、太陽をそれほどまでに近いものとわれわれが想像するのは、ほんとうの隔たりをわれわれが知っていないためではない。そうではなく、われわれの体そのものが太陽によって触発を受けるかぎりで、体の変容が太陽の有りかたを伴うことによるからなのである。

不十全で混乱した観念は、十全な、言いかえると明晰で判明な観念と同じ必然で結果として出てくる。

論証

観念はすべて神のうちに在る（第一部命題一五より）。そして神のものとされるかぎり、真であり（この部の命題三二より）、また（この部の命題七系より）十全である。こういうことだから観念は、だれかの個別の精神のものとされるかぎりでなければ、不十全ではないし、混乱もしていない（このことについてはこの部の命題二四と二八を見よ）。よってすべての観念は、十全なものも不十全なものも、同じ必然で（この部の命題六系より）結果として出てくる。論証以上。

命題三七

すべてに共通であり（これについてはさきの補題二を見よ）、等しく部分のうちにも全体のうちにも在るものは、いかなる個物の有りかたもつくり成さない。

論証

これを否定しようとする場合、それが或る個物の、そう、Bの有りかたをつくり成すことが生じうると念ってみよ。まさに（この部の定義二より）それはBがなくては在りえず、また念われることができない。しかるにこのことは仮定に反する。ゆえにそれはBの有りかたに属しないし、また別の個物の有りかたもつくり成さない。論証以上。

命題三八

すべてに共通であり、等しく部分のうちにも全体のうちにも在るものは、十全にしか念われることができない。

論証

すべての物体に共通であり、どんな物体の部分のうちにも全体のうちにも等しく在る何かをAとする。十全にでなければAは念われることができないとわたしは言う。なぜなら、Aの観念は（この部の命題七系より）神のうちで、神が人間の体の観念をもつかぎりでも、（この部の命題一六、二五と二七より）人間の体の自然の性もそとの物体の自然の性も部分として伴う、体の変容の諸観念をもつかぎりでも、必ず十全であることになるから。つまりは（この部の命題一二と一三より）この観念は、神が人間の精神をつくり成すかぎりで、言いかえれば人間の精神のうちに在る諸観念をもつかぎりで、神のうちで必ず十全であることになる。こういうしだいで精神は（この部の命題一一系より）Aを必ず十全に覚知し、それは精神がみずからを覚知するかぎりでも、おのれの体あるいはそとのどんな物体を覚知するかぎりでも、そうであり、Aは別のしかたでは念われることができない。論証以上。

系

ここから出てくるのは、すべての人間に共通のなにがしかの諸観念、言いかえれば概念が与えられるということである。なぜなら（補題二より）すべての物体はなにがしかの点で一致し、（前の命題より）それらはすべての者によって十全に、言いかえれば明晰かつ判明に覚知されるはずだからである。

命題三九

人間の体と、それを触発するのをつねとするそとのなにがしかの物体とに共通であり、特有であるもの、そして、何であれ、これらの全体に在るのと等しく部分のうちにも在るもの、それの観念もまた精神のうちで十全であることになる。

論証

人間の体とそとのなにがしかの物体とに共通であり、特有であるもの、そのそとの物体のうちに在るのと等しく人間の体のうちに在り、そしておしまいに、そとのどの物体であれ、その全体のうちに在るのと等しく部分のうちに在るもの、それをAとする。そのAについて、神のうちには（この部の命題七系より）十全な観念が与えられることになるが、それは、神が人間の体の観念をもつかぎりでも、想定されたそとの物体の観念をもつかぎりでも、そうである。いま人間の体がそとの物体から、それと共通にもつものを通して、つまりAによって触発を受けるとする。この変容の観念はAという特性を伴い（この部の命題一六より）、したがって（さきと同じこの部の命題七系より）この変容の観念は特性Aを伴うかぎり、神のうちで十全であることになるが、それは、神が人間の体の観念に変容したかぎりで、つまり（この部の命題一三より）人間の精神の自然の性をつくり成すかぎりでである。よって（この部の命題一一系より）この観念はまた人間の精神のうちでも十全である。論証以上。

系

ここから出てくるのは、精神は、その体がほかの物体と共通しているところを多くもてばもつほど、それだけ数多くのものを十全に覚知するのに向くということである。

命題四〇

精神のうちで十全である諸観念から精神のうちに出てくるどの観念もまた十全である。

論証

明白。なぜなら、人間の精神のうちに、そのうちで十全である諸観念から観念が出てくるとわれわれが言うときには、言っていることは、（この部の命題一一系より）神の知性そのもののうちに、神が無限であるかぎりではなく、またひじょうに多くの個物の観念に変容したかぎりでもなく、神がただ人間の精神の有りかたをつくり成すかぎりで、神が原因である観念が与えられるということにほかならないからである。

備考一(12)

これらでもってわたしは、「共通概念」と呼ばれる、われわれの推論の基礎である概念のゆえんを説明した。

だが、なにがしかの公理、言いかえると概念には別の原因が割り当てられるから、それをわれわれのこの方法で説明するのは、ためになるだろう。というのもその中から、どの概念がそのほかと較べて有益であり、対するにどれがほとんど用をなさないかということが確かめられるであろうから。それから、共通であるのはどれで、先入見に嵌《はま》っていない者にとってのみ明晰判明であるのはどれで、おしまいに土台の危ういのがどれかが、確かめられる(13)。加えて、二次概念(14)と呼ばれるような概念と、そこからしてそれらにもとづけられる公理とが、どこからその原《もと》を引いているかということ、そしてほかにも、わたしが折にふれて[補注]これらに関して省察をめぐらせたことどもが確立されることであろう。けれども、こうしたことをわたしは別の論著に委ねているうえに、このことに委細を悉《つ》くしすぎるあまり、倦《う》ませたりしないよう、ここではこの点は飛ばして過ぎることに決めていたのである。

しかしながら、知っておく必要のあることを省いたりしないよう、「存在」、「物」、「或るもの」のように、**超越的**[15]と言われる用語がその原を引いているゆえんを手短に言い足そう。これらの語は次のような事情から生れている。すなわち、人間の体は制限を受けているから、或るきまった数の像だけしかそのうちで同時に判明には形づくる能力がない（「像」の何であるかということは、この部の命題一七備考で説明してある）。この数をもし踰《こ》えると、こうした像は混乱し始める。そして、体がそのうちで同時に判明に形づくれる許容内の像の数をはるかに踰えるならば、すべてがたがいにひとしなみに一緒くたになる。

　こういうことだから、この部の命題一七系と命題一八にしたがい、人間の精神は、おのが体のうちで同時に形づくられうる像と同じだけの物体を同時に判明に思い描けるということが明白である。ところが、もろもろの像が体のうちでひとしなみに一緒くたになるときには、精神もまたすべての物体を混乱させて何の区別もなしに思い描くことになるし、いわば一つの属性、すなわち「存在」、「物」等の属性のもとに包み懐いてしまうことになる。このことはまた、像がつねに等しく生き生きと力強いわけではないということや、これと似たり寄ったりの別の原因からも導くことができるが、それをここで説明することは要しない。われわれが見遣る目標のためには原因は一つだけ考察すれば足りるからである。なぜなら、すべてが帰するのは、これらの用語が最高程度に混乱した観念を表すということだからである。

　相似た原因から、「人間」、「馬」、「犬」などのように、**普遍的**と呼ばれる概念が発生した。言うまでもないようなことだが、次のようなしだいからである。人間の体のうちに、たとえば人間の像が形づくられる。同時に形づくられる像が、想像する勢いをそっくり超えるのではなくとも、個々のわずかな違いや（言うまでもなくめいめいの色や大きさなど）、その者たちの決っている数を精神が像に描けないくらいには超えるまでになっている場合、体がそれらから触発を受けるかぎり、そのすべてが一致するところのみを精神は判明に想像するから、というのがそのわけである。なぜかといえば、そこから、体は最大に、ということは個別のそれぞれから、触発を受けたのだから。そしてこれを人間という名で言い表し、無限に多くの個々に関してこれを述べる。言ったとおり、個別のものの決っている数を像に描けないからである。

しかし注意すべき点は、これらの概念がみなから同じようにつくられるわけではないということである。むしろ、体をしばしば触発し、精神がたやすく想像し、あるいは思い起す物との絡みに応じて、めいめいでまちまちである。たとえば、人間の背丈をしばしば驚嘆をもって眺めた者は、人間という名で直立した背丈の動物を解するであろう。がしかし、別のものを眺めることに慣れた者であれば、別の共通の像を人間について形づくるであろう。すなわち、「笑える動物」とか「羽のない二足動物」とか「理性的動物」とかである。このようにそのほかのものについて、めいめい自分の体の置かれた状態に準じて物の普遍的な像を形づくることになる。だから、自然の物を物の像のみを通じて説明しようとした哲学者たちのあいだにあれほどの論争が生じたことは異《あや》しむにあたらない。

備考二

これまで述べてきたすべてから、われわれがたくさんのものを覚知し、普遍概念をつくることがはっきりと見えてくる。

第一。感覚を通してわれわれに切れ切れに混乱して、知性に適った順序なしに提示された個物から（この部の命題二九系を見よ）。そのためにこうした覚知をわたしは、行き当りばったりの経験からの認識と呼び慣わした。

第二。記号にもとづく。たとえば、なにがしかの語句を聞くかまたは読むかして、物を思い起し、それらに似ているなにがしかの観念を物について形づくり、それを通してわれわれは物を想像する（この部の命題一八備考を見よ）。

物を眺めるこのしかたをどちらも、以後わたしは「第一類の認識」、「意見」あるいは「想像」と呼ぶことにする。

第三。おしまいに、共通概念と物の特性の十全な観念とをわれわれがもつことから（この部の命題三八系、命題三九とその系、命題四〇を見よ）。そしてこれを「理知」、「第二類の認識」と呼ぶことにする。

これら二つの類の認識以外に、先で示すように、もう一つ、第三のものが与えられるが、これをわれわれは「直観知」と呼ぶであろう。そしてこの認識の類は、神のなにがしかの属性の形としての有りかたの十全な観念から発して、諸物の有りかたの十全な認識へ進む。

これらすべてをわたしは一つのものごとを例にとって説明することにする。

譬《たとえ》はこうで、三つの数が与えられており、四番目の数を得なければならない。四番目の数は三番目の数に対して、第二数の第一数に対するとおりになる。商人はためらわずに第二数と第三数を掛け合せ、その積を第一数で割る。むろんそれは、主人から論証抜きで聞き知ったことをまだ忘れないでいたためか、ごく簡単な数でそのやりかたを頻繁に経験して確かめたためか、またはユークリッド第七巻命題一九の論証のおかげで、ということは比例項にそなわる共通の特性にもとづいたためか、である。ところがごく簡単な数ではこうしたことは何も必要とされない。たとえば、一、二、三という数が与えられれば、比例をなす第四数が六であることを見てとらない者はいない。そして、こちらのほうがずっと明晰なのは、われわれが一目の直観で見てとる、第一数が第二数に対してもつ割合そのものから、ほかならぬ第四数を結論するからである。

命題四一

第一類の認識は虚偽のただ一つの原因であるが、第二類と第三類の認識のほうは必ず真である。

論証

不十全で混乱しているような観念はすべて第一類の認識に属すると、われわれはまえの備考で言った。したがって（この部の命題三五より）この認識は虚偽のただ一つの原因である。それから第二類と第三類の認識には十全である観念が属すると言った。よって（この部の命題三四より）それは必ず真である。論証以上。

命題四二

真を偽から区別することをわれわれに教えるのは第二類と第三類の認識であって、第一類の認識ではない。

論証

この命題はおのずと明白。というのは、真と偽とを区別するすべを知る者は、真と偽の十全な観念をもつはずであり、つまりは（この部の命題四〇備考二より）真と偽とを第二類かまたは第三類の認識で認識するはずだからである。

命題四三

真の観念をもつ者は自分が真の観念をもつことを一緒に知り、ことの真理について疑えない。

論証

われわれのうちで真の観念とは、神が人間の精神の自然の性を通して説明されるかぎり、神のうちで十全であるような観念である（この部の命題一一系より）。そこでわれわれは、神が人間の精神の自然の性を通して説明されるかぎりで、神のうちにＡという十全な観念が与えられることを想定しよう。この観念について必然のこととしてやはり神のうちに観念が与えられるはずであり、それは観念Ａと同じしかたで神のものとされる（この部の命題二〇より――その論証は普遍的である）。ところが、観念Ａは、神が人間の精神の自然の性を通して説明されるかぎりで、神のものとされることが仮定されている。ゆえに、観念Ａの観念もまた同じしかたで神のものとされるはずであり、つまり（この部の同じ命題一一系より）観念Ａのこの十全な観念は、十全な観念Ａをもつ当の精神のうちに在ることになる。よって、十全な観念をもつ者、言いかえれば（この部の命題三四より）物を真に認識する者は、おのれの認識の十全な観念、言いかえるとその真の認識を一緒にもつはずであり、つまりは（おのずと顕なように）同時に確かでなければならない。論証以上。

備考

この部の命題二一の備考でわたしは、「観念の観念」とは何かということを説明した。だが、前の命題はおのずと十分に顕になっていることに注意すべきである。なぜなら、真の観念をもつ者で、真の観念がこの上ない確実さを伴うことを知らない者はないからである。真の観念をもっているということの意味は、物を完全に、言いかえればもっともよく認識することにはかならないから。またどうしたってこのことについてだれかが疑いを抱くことはできないのである。観念が板の絵のように黙《もだ》した何かであって、思いの様態、ということは、解ることそのもの、ではないとみなすのでなければ。それで訊《き》くが、自分が何かものごとを解るということは、まずものごとを解るのでなければ、だれかそれをできるだろうか。つまり、何かものごとについて自分が確かであることを知るということは、まずそのものごとについて確かでなければ、だれかそれをできるだろうか。それから、真理の規準として、真の観念よりも明晰で確かな何が与えられることができるだろうか。正真正銘、光がそれ自身と闇とを顕にするように、真理はそれみずからと虚偽との規準である。

以上によってわたしは次の問題に答えたと考えている。すなわち、真の観念がその観念対象と一致すると言われるかぎりでのみ偽の観念と区別されるとすれば、まさに真の観念は偽の観念と較べて何も物らしさもしくは完全さをそなえないのか（そとからの呼びかただけでこれらは区別されるのであるから）(16)。その結果として、真の観念をもつ人間もまた、偽の観念だけをもつ者と較べて同様なのか。次に、人びとが偽の観念をもつことはどこから生じるのか。そしておしまいに観念対象と一致する観念を自分がもつとだれかが確かに知りうるのはどこからか。

言っておくと、わたしはすでにこれらの問題に答えたと考えている。なぜかというと、真の観念と偽の観念との違いに関しては、この部の命題三五から、この二つは、有るものの有らぬものに対するような関係になることが確かめられるから。一方で、虚偽の原因もろもろをわたしは、命題一九から命題三五とその備考までで、これ以上ないほど明晰に示した。これらからまた、真の諸観念をもつ人間と偽の観念しかもたない人間を隔てるものも見えている。しまいに最後の点、ということは、観念対象と一致する観念を自分がもつと人が知りうるのはどこからかという問題にかかわっては、そのことが、観念対象と一致する観念をもつこと、言いかえれば真理はそれみずからの規準であるということのみから起ることを、わたしはたったいま、十分を超えてそれ以上に示した。これらに次をつけ加えてくれていい。われわれの精神は、物を真に覚知するかぎり、神の無限な知性の部分である（この部の命題一一系より）。よって、精神がもつ明晰で判明な観念が真であることは、神のもつ観念がそうであるのと同じく、必然である。

命題四四

理性の自然の性に入るのは、ものごとを偶然のものとしてではなく、必然のものとして観想することである。

論証

理性の自然の性に入るのは、物を真に覚知すること（この部の命題四一より）、ということは

（第一部公理六より）そのものとして在るとおりに、つまり（第一部命題二九より）偶然のものとしてではなく必然のものとして覚知することである。論証以上。

系一

ここから出てくるのは、過去を考慮しても未来を考慮しても、ものごとを偶然のものとして眺めるのは想像力のみにかかっているということである。

備考

ところでどんな理由でこのことが生じるのかを少し説明しよう。

われわれはさきに（この部の命題一七とその系）精神は、物が実在しなくても、目のまえに在るそれらの実在を締め出す原因が浮び出なければ、依然それらをいつもおのれのまえに在るものとして想像するということを示した。それから（この部の命題一八）われわれは、もし人間の体が一緒にそとの二つの物体から一度触発を受けたとしたら、精神はあとになってそれらの片方を想像するときには、直ちにもう片方を思い起すであろうということ、つまり、目のまえに在るそれらの実在を締め出す原因が浮び出なければ、両方ともおのれのまえに在るものとして眺めるであろうということを示した。加えて、われわれが時間もまた想像することに疑いを抱く者はいない。すなわち、物体のうち或るものが別のものよりもゆっくり、あるいは速く、あるいは等しい速さで運動するのを像に描くことからである。

そこでわれわれはこういう想定を行う。一人の子がきのう順繰りに一番目として朝の時間にペテロ、午《ひる》どきになったらパウロ、晩にはシモンを見かけた。そしてきょうはまた朝ペテロを見た。この部の命題一八にしたがって次のことが明白である。その子は朝の光を目にするとすぐに、お日様がまえの日に見たのと同じ空の部分を通り抜けることを思い描く。言いかえるなら、日中《ひなか》をそっくり思い描くであろう。そして朝の刻《とき》とともにペテロ、午の刻とともにはパウロ、夕べの刻とともにはシモンを像に描くであろう。つまりパウロとシモンの実在は未来の時とつなげて想像するであろう。また逆に、晩の時間にシモンを見かけるならば、パウロとペテロを過去の時のものとして、過去の時と一緒にかれらを思い描く。このことは、かれらをこの同じ順番で見る頻度が増せば増すほど揺《ゆる》ぎなくなるであろう。

だがもし、別の或る宵にシモンのかわりにヤコブを見かけることがいつか起きたら、その場合、明くる朝にその子は夕べの刻と合せて、ときにシモンを、またときにヤコブを思い描くであろうが、二人を一緒に思い描きはしないであろう。なぜなら、夕べの刻とともに一人だけを見かけて、二人ともには見ていないと仮定されているからである。こうしてその子の想像は揺ぐことになる。来るべき夕べの刻と合せて、ときにこっちを、ときにあっちを思い描くことになる。つまりどちらも確かに来《きた》らんとするものとではなく、偶然にやって来るものとして眺めることになる。

そしてこの想像の揺れ動きは、われわれが同じしかたで過去の時、あるいは現在の時とつなげて眺める物どもに想像が及ぶ場合にも同じであろう。その結果われわれは、現在の時とつながった物も、過去あるいは未来の時とつながった物も、偶然のものとして想像することになる。

系二

理性の自然の性にはものごとをなにがしかの永遠の相のもとで覚知することが入る。

論証

というのは、理性の本然は、物を偶然のものとしてではなく、必然のものとして観想することであるから（前の命題より）。ところで、物のこの必然さを理性は（この部の命題四一より）真に、つまり（第一部公理六より）そのものとして在るとおりに覚知する。だが（第一部命題一六より）物のこの必然とは、神の永遠の自然の性の必然そのものである。ゆえに、物をこの永遠の相のもとで観想することは理性の本然である。次のこともつけ加えられる。理性の基礎をなすものは概念であって（この部の命題三八より）、それはすべてに共通であるようなものを説明し、（この部の命題三七より）いかなる個物の有りかたも説明はしない。そのためにそれらはいかなる時とも関係なしに、なにがしかの永遠の相のもとで念われるはずである。論証以上。

命題四五

何であれ、現実に実在している物体あるいは個物の観念は、一つ一つが、神の永遠で無限な有りかたを必ず伴う。

論証

現実に実在している個物の観念は、その物の有りかたも実在も必ず伴う（この部の命題八系より）。ところが個物は（第一部命題一五より）神なしに念われることはできない。かえって（この部の命題六より）その物が様態である属性のもとで神が考察されるかぎりで、神を原因としてもつがゆえに、それらの観念は（第一部公理四より）当のそれらの属性の思念を、つまりは（第一部定義六より）神の永遠で無限な有りかたを必ず伴うはずである。論証以上。

備考

ここで実在ということでわたしが解るのは、持続、つまり抽象的に〔原因から切り離されて〕、なにがしかの量のすがたをとって念われるかぎりでの実在ではない。なぜなら、わたしが語るのは、（第一部命題一六より）神の自然の性の永遠の必然にしたがって無限に多くのものが無限に多くのしかたで出てくるために、個物のものとされる実在の自然の性そのものについてだからである。わたしが語るのは、言うなら、神のうちに在るかぎりでの個物の実在そのものについてである。なぜなら、個物はそれぞれ別の個物から或るきまったしかたで実在することへ決定されているにもかかわらず、おのおのが実在し通す勢いは神の自然の性の永遠の必然にしたがって出てくるからである。このことについては第一部命題二四系を見よ。

命題四六

観念一つ一つが伴う神の永遠で無限な有りかたの認識は、十全でかつ完全である。

論証

前の命題の論証は普遍的であり、物が部分として考察されようと全体として考察されようと、その観念は、全体のであろうと部分のであろうと(前の命題より)神の永遠で無限な有りかたを伴う。だから、神の永遠で無限な有りかたの認識を与えるものはすべてに共通であり、等しく部分のうちにも全体のうちにも在り、よって(この部の命題三八より)この認識は十全であることになる。論証以上。

命題四七

人間の精神は神の永遠で無限な有りかたの十全な認識をもつ。

論証

人間の精神は観念をもち(この部の命題二二より)、それらから(この部の命題二三より)おのれとおのれの体(この部の命題一九より)、そして(この部の命題一六系一と命題一七より)精神の外の物体を、現実に実在しているように覚知する。よって(この部の命題四五と四六より)精神は神の永遠で無限な有りかたの十全な認識をもつ。論証以上。

備考

ここからわれわれは見てとるが、神の無限な有りかたと神の永遠とはみなに識られている。また、すべては神のうちに在って、神を通して念われるのであるから、われわれはこの認識から、十全に認識するひじょうに多くのことを引き出せ、そうして、この部の命題四〇備考二で述べたあの第三類の認識を形づくれるということが出てくるが、この認識のすぐれたところと効用について言うのは、第五部がふさわしい場所となろう。

それはそうとして、人びとは共通概念ほどには神の明晰な認識をもち合せないが、それは、物体のようには神の像を思い描けないことと、神という名を見慣れている物の像と結びつけてきたことから生じる。それを人びとがほとんど避けられないのは、始終そとの物体から触発を受けているためである。

そしてじじつ、誤りのほとんどは、物に名前を貼り付けるわれわれのやりかたがただしくないということのみに存している。じっさいだれかが、円の中心から円周に向って引かれる直線がたがいに等しくないと言い張るとき、その人は円ということで少なくとも数学者が解るのとは別のものを解っていることにまちがいないから。同じように人びとが計算をしていて間違うときには、精神のうちと紙の上で数が別々になっているのである。だからもしかれらの精神が覗かれるならば、きっと間違っていない。にもかかわらず間違っているように見えるのは、紙の上の数がかれらの精神のうちにもそなわるとわれわれがみるためである。こういうことでなければ、われわれはかれらが何も間違っていないと信じるであろう。それは次のようなことと同じである。わたしは先頃或る知った人が「うちの屋敷が隣りの雌鶏《にわとり》に飛んでいった」と叫んでいるのを耳にした。もちろんわたしにはかれの言いたい心の内は十分見通せると思えたので、その人が間違っているとは考えなかった。

そうしてここから論争のほとんどが起る。すなわち、人びとが自分の思いの内をただしく説明しないか、他人《ひと》の思いの内を間違って解するために起るのである。なぜなら、じじつ、これ以上ないくらいたがいにやり合っているあいだにも、人びとは同じことを思っているか、あるいは別々に分れたことを思っているのであり、相手のうちに在るとみなす誤りも背理も在りはしない、といった具合だからである。

命題四八

精神のうちには無条件の、言いかえれば自由な意志は何もない。かえって精神はこれやあれやを志すことへ原因から決定され、その原因もまた別の原因から決定されており、さらにこの原因のほうも別のものから決定されていて、このようにして無限に遡る。

論証

精神は思いの或るきまった、そして決定された様態であり（この部の命題一一より）、よって（第一部命題一七系二より）みずからのはたらきの自由な原因ではありえず、言いかえるなら、志したり志さなかったりする絶対の才能をそなえることができない。かえってこれやあれやを志すことへ（第一部命題二八より）原因から決定されなければならず、その原因もまた別のものから決定されており、さらにこの原因のほうも別のものから云々。論証以上。

備考

同じこのやりかたで精神のうちには、「解る」、「望む」、「愛する」などの無条件の才能は何ら与えられないことが論証される。そこから、こうしたものやそれに類した才は、まったく虚構のものか、それとも特殊のものからわれわれがよくつくり出す形而上学的な存在物、言いかえるなら、普遍物以外の何ものでもない、ということが出てくる。こうして、知性と意志とは、あれこれの観念に対して、またはあれこれの意欲に対して、石ということがあれこれの石に対して、あるいは「人間」がペテロ、パウロに対するのと、同様の関係にある。一方、人びとがなぜ自分を自由であるとみなすかというゆえんは、第一部の付録で説明してある。

だが、先を続けるまえに、意志ということでわたしが解るのは、肯定し否定する才能であって、欲望のことではないということは、ここで注意されていい。言うならば、わたしの解るのは、精神が真である何か、あるいは偽である何かを肯定か否定かする才能であり、精神が物を欲し、もしくは退《の》ける慾望ではない。

さて、こうした才能が普遍的な概念であって、われわれがそれをつくり出す原《もと》の個々のものから区別されないことをわれわれが論証してあるあとでは、意慾そのものが物もろもろの観念そのもの以外の何かであるかということが、いまや問い尋ねられるべきである。くどいようだが、問い尋ねられるべきことは、精神のうちには、観念が観念であるかぎり伴うものとは別に、ほかの肯定や否定が与えられるのかどうかということであり、このことについては次の命題とこの部の定義三とを見てもらって、思いが絵のごときものに落ちないようにしてほしい。というのは、わたしが観念ということで解るのは、目の奥に、もしこちらのほうがお気に召すなら、脳の中間に(17)、形づくられる像ではなく、思いの思念だからである。

命題四九

精神のうちには、観念が観念であるかぎり伴うもの以外には、いかなる意慾、言いかえれば肯定、否定も与えられない(18)。

論証

精神のうちには（前の命題より）志したり志さなかったりする無条件の才能は何ら与えられず、

ただ個々の意欲、ということは、あれこれの肯定、あれこれの否定だけが与えられる。

そこでわれわれは、個別の或る意欲、すなわち、三角形の三つの内角の和が一直角に等しいことを精神が肯定する思いの様態を念ってみる。この肯定は三角形の思念、言いかえれば観念を伴っている。つまり三角形の観念なしでは念われることができない。じっさい、AがBの思念を伴わなければならないとわたしが言えば、AはBなしでは念われることができないということと同じなのであるから。それからこの肯定は（この部の公理三より）三角形の観念なしには在ることさえできない。ゆえに、この肯定は三角形の観念なしには在ることも念われることもできない。加えて、三角形のこの観念は同じこの肯定、言うまでもなく、それの三つの内角の和が二直角に等しくなるということを伴うはずだ。であるから、裏返して、三角形のこの観念はこの肯定なしでは在ることも念われることもできない。よって（この部の定義二より）この肯定は三角形の観念の有りかたに属し、それを措いてほかのものではない。

そして、この意欲についてわれわれが言ったことは（われわれは任意にそれを採り上げたから）どんな意欲についてもまた言われるべきであって、ということは、それは観念以外の何ものでもない。論証以上。

系

意志と知性は一つの同じものである。

論証

意志と知性とは、個々の意欲そのもの、個々の観念そのもの以外の何ものでもない（この部の命題四八とその備考より）。ところが個々の意欲と個々の観念とは（前の命題より）一つの同じものであり、それゆえ、意志と知性は一つの同じものである。論証以上。

備考

これらでもってわれわれは、誤りの原因であると普通に思い定められているものを除いた。一方さきには、虚偽が、切れ切れで混乱した観念が伴う奪われのみに存することを示した。であるから、偽の観念は、偽であるかぎり、確実さを伴わない。そこで、人が虚偽のうちに落ち着き、それに疑いを抱かないとわれわれが言うときには、だからといってその人が確かであると言っているわけではない。ただ疑っていないだけのこと、あるいはその人の想像を揺《ゆる》がせる原因が何も与えられていないために虚偽に落ち着いていると言うのである。このことについてはこの部の命題四四備考を見よ。

したがって、人が偽であることに執着する程度がどれほどと仮定されても、それでもけっしてわれわれはその人が確かであるとは言わないだろう。なぜならば、確実さということでわれわれが解るのは、肯定的な性質をもつ何かであって（この部の命題四三とその備考を見よ）、疑いが奪われていることではないからである。ところが確実さが奪われているということでわれわれが解るのは、虚偽である。

しかし、前の命題をさらに掘り下げて説明するために、注意を促すべきことがいくつか残っている。それから、われわれのこの説に向って投げかけられうる反論に答えることがわたしには残っている。おしまいに、ためらいをいっさい遠ざけるために、この教えのなにがしかの効用を指し示すことは手間に価すると判断した。言っておくが、いくつかである。なぜなら、肝腎のことは、第五部で述べることからもっとよく解るであろうから。

それで、まずわたしは、これを読む人たちに次の注意をすることから始める。観念、言いかえれば精神の思念と、われわれが想像する物の像とを精確に区別するように、と。それから、観念と、われわれが物の意味を表す言葉とを区別する必要がある。なぜかといえば、この三つ、すなわち像と言葉と観念とが、大勢からひとしなみにごちゃまぜにされるか、もしくは十分精確に、要するに十分慎重に区別されないから、思弁のためにも実生活を賢明に築くためにも、ぜひ知る必要がある、意志についてのこの教えが一様に知られずにいたのである。たしかに、物体との遭遇からわれわれのうちに形づくられる像こそが観念であるとみなす者は、似ている像をわれわれが何もつくれない物の観念は、観念ではなくて、われわれが意志の自由勝手で拵える虚構にすぎないと思い込む。するとかれらは観念を板の黙《もだ》した絵のように見ているのである。そして、この先入見に囚われて、観念は観念であるかぎり、肯定か否定かを伴うことを見てとることがない。

次に、言葉を観念、あるいは観念が伴う肯定そのものと混同する者は、感じ受けることと反対に言葉だけで何かを肯定もしくは否定する場合に、自分が感じ受けることに反して志すことができるとみなす。一方、広がりの思念をいささかも伴わない思いの自然の性に注意する者は、こうした先入見から難なく脱皮できる。そうして、観念が（思いの様態であるから）何らかの物の像のうちにも言葉のうちにも宿らないことを明晰に解ることになる。というのも、言葉と像の有りかたは、思いの思念をいささかも伴わない、体に属する運動だけで組織されるからである。

こうした点については以上わずかの注意で十分なので、初めに言っておいた、投げかけられうる反論に移る。

その一番目は、意志は知性よりも広く及び、したがって知性とは異なるのが確かめられるとみなされていることである。意志が知性よりも広く及ぶとみなす理由はといえば、次のことをみずから経験して確かめているからだという。われわれが覚知していない別のものごとに限りなく同意していくには、いまそなえるよりも大きな同意の才能、言いかえると肯定し否定する才能を必要としないが、もっと大きな解る才能は少なくも要する。ゆえに意志は知性から区別される。すなわち、知性は有限であるのに対し、意志のほうは無限であるということだ、と。

二番目に、われわれに向って反論が投げかけられうるのは次のようにである。われわれは覚知するものごとに同意をしないように自分の判断を見合せておくことができる。このことほど経験がはっきりと教えることは何もないように見える。これは、何かを覚知するかぎりではだれも思い違いをしているとは言われず、ただ同意を与えるか、または与えないかというかぎりでのみそう言われることからも確認される。たとえば、翼のある馬を頭に描く者は、そのことで翼のある馬が与えられてあることを容認しているわけではない。つまりは、翼のある馬が与えられてあることを同時に認めるのでなければ、思い違いをしてはいない。こういうしだいで、意志、言いかえれば同意する才能が自由であって、解る才能とは異なるということほど、経験がはっきり教えることは何もないように見える、と。

三番目に投げかけられうる反論はこういうものである。一個の肯定のはたらきが含む物としての性格は別の肯定のはたらきが含むそれよりも多くないように見える。つまりわれわれは、真であるものが真であることを肯定するのに、偽である何かが真であることを肯定する場合と較べて、大きな力を必要としないように見える。ところが、或る観念が別の観念よりも多くの物としての性格、言いかえると完全さをそなえることをわれわれは覚知する。じっさい、いくつかの対象が別の対象よりもすぐれる分だけ、それらの対象の観念もまた別の観念より完全であるから。これらのことからまた意志と知性の違いが確かめられるように見える、と。

四番目に、もし人間が意志の自由から為事をするのではないとしたら、ビュリダンの驢馬のように均衡状態に在る場合に、いったいどんなことが生じるであろうか。飢えと渇きとで命を落すことになるのであろうか。(19) もしわたしがそれを認めるならば、驢馬かあるいは立像のような人間を念っていて、〔ほんとうの〕人間を念うようには見えないであろう。他方、否定する場合には、まさにその人は自分自身を決定することになり、その結果、歩を進め、何であれ志すことを行う才能をそなえる。

これらに加えて、ひょっとすると、別の反論が唱えられうる。しかしわたしは、めいめいが夢見うることを何でもだらだらと説くことに縛られはしないから、以上の反論だけに答えることに心を配り、かつ、できるだけ手短にそれを済ませるようにする。

さて一番目に対してわたしが言うことはこうである。知性ということでかれらがただ明晰で判明な観念だけを解るのであれば、意志は知性よりも広く及ぶということをわたしは認める。けれども意志が覚知、言いかえると念う才能よりも広く及ぶということは否定する。またわたしには、なぜ志す才能が感じ受ける才能と較べてむしろ無限と言われるべきであるのかが、さっぱり見てとれない。というのも、われわれは志す同じ才能で無限に多くのものを肯定できる(とはいえ無限に多くのものを同時には肯定できないから、順次に)のと同じように、無限に多くの物体を(むろん順次に)感覚する同じ才能で感覚し、言いかえると覚知できるのだから。

が、もしかれらが「われわれの覚知できない無限に多くのものが与えられるのではないか」と言うなら、わたしは返して、まさにそうしたものにはわれわれはいかなる思いによっても、したがって志すいかなる才能によっても達することができない、と言う。ところがかれらは「そうしたものをもわれわれが覚知するようにしようと神が志すならば、たしかにもっと大きな覚知する才能をわれわれに与えなければならないであろうが、じっさい与えたよりも大きな志す才能は与えるに及ばないであろう」と言う。これはあたかも、こう言うのも同じことで、「神は、無限に多くのほかの有るものをわれわれが解るようにしようと志すならば、その無限に多くの有るものを包みもつために、われわれに、もっと大きな知性を与えることがきっと必要だが、現に与えたよりももっと普遍的な存在の観念を与える必要はないだろう」ということになる。じっさいわれわれは、意志が普遍的な有るものであること、言いかえるなら、個々の意欲のすべて、つまりそれらすべてに共通しているものをわれわれが説明する観念であることを示したから。そこで、このすべての意欲に共通な、言いかえると普遍的な観念が才能であるとかれらが信じている場合に、この才能が知性の限界を越えて無限に及ぶと言うとしても、全然異《あや》しむにはあたらない。普遍的なものとは等しく、一つの、数多くの、そして無限に多くの個体について用いて言われるのであるから。

二番目の反論への答えとしてわたしは、われわれが判断を見合せる自由な能力をそなえることを否定する。なぜなら「だれかが判断を見合せる」とわれわれが言うとき、それは、「ものごとを自分が十全に覚知していないのをその人が見ている」と言っているのにほかならないからである。こういうしだいで、判断の見合せはじつは覚知であって、自由な意志ではない。

それを明晰に解ってもらうために、われわれは、翼がある馬の像を思い描いていて、ほかには何も覚知していない子どもを念ってみる。この想像は馬の実在を伴い（この部の命題一七系を見よ）、また子どもは馬の実在を奪い去るものを何も覚知していない以上、その子は必然のこととして馬をまえにいるように眺めることになり、馬の実在について確かではないとしても、疑うことはできないであろう。

そして、われわれは日常このことを夢の中で経験して味わっている。夢を見ているあいだに、夢見ることについて判断を見合せたり、自分が見ていると夢想するものを夢見ないようにしたりする自由な能力を自分がそなえると考えるような者はだれもいないと思う。そうはいっても、夢の中でさえ判断を見合せることが起きる。それは、夢を見ていることをわれわれが夢見るときである。

さらに進めて、わたしは、覚知するかぎりではだれも欺かれないということ、つまり、精神の想像はそれそのものを考察すると何も誤りを伴わないということを認める（この部の命題一七備考を見よ）。けれども人が覚知するかぎりでは何も肯定しないということは否定する。なぜなら、翼のある馬を覚知することは、馬について翼を肯定するのと別の何かであろうか。というのも、精神が翼のある馬以外に何も別のものを覚知しないとしたら、精神はそれを自分のまえにいると眺めるであろうし、それの実在について疑いを抱くいかなるわけも、同意をしないいかなる才能もそなえはしないであろう。ただし、翼のある馬の想像が、その馬の実在を奪い去る観念と結合されているか、あるいは、自分がもつ翼のある馬の観念が不十全であることを覚知するならばそうではないが、その場合には、当の馬の実在を必ず否定するか、それについて必ず疑うことになる。

以上で三番目の反論にもわたしは答えたとみなす。すなわち、意志はすべての観念についてあてはめて述べられる普遍的な何かである。そしてそれは、すべての観念に共通であるものだけを、ということは、肯定のはたらきを表す。そのために、このように抽象的に引き出されて念われるかぎりでは、その十全な有りかたが一つ一つの観念のうちに在るはずであり、この絡みでのみすべてのうちで同じである。けれども意志が観念の有りかたをつくり成すと考察されるかぎりでは、そうはならない。なぜならそのかぎりでは、個々の肯定は、観念そのものと同様に、たがいに異なるからである。例を出すと、円の観念が伴う肯定は、三角形の観念が伴う肯定とは、円の観念が三角形の観念から異なるのと等しく異なる。

それからわたしは、真であるものが真であることを肯定するのに、偽であるものが真であることを肯定する場合と較べて、等しい思いの力を必要とするということを絶対に否定する。なぜかといえば、この二つの肯定のはたらきは、精神が覗かれるならば、有るものの有らぬものに対するような関係にたがいになっているからである。じっさい観念のうちには、虚偽の形相をつくり成す肯定的な性質のものは何もないから（この部の命題三五とその備考、命題四七の備考を見よ）。だからここで真っ先に注意されていいのは、われわれが普遍的なものを個別的なものと、また、理屈上の、抽象的に引き出された存在を、物としての性質をもつ存在と一緒くたにするときには、われわれがどのくらい簡単に欺かれるかということである。

おしまいに四番目の反論に関して言うと、わたしは、そのような均衡状態に置かれた人間（すなわち渇きと飢え、その者から等距離離れているかくかくの食べ物と飲み物よりほかには何も覚知しない者）は飢えと渇きとで命を落とすことになるということをそっくり認める。「そうした人間は、人間というよりもむしろ驢馬であると評価を下されるべきではないのか」とわたしに向って問われるならば、首を吊って死ぬ者をどう評価すべきか、また幼子《おさなご》、ばか者、気の狂った人(20)などをどう評価すべきかをまた知らないごとくに、わたしは知らないと答える。

最後に、この教えを認識することがどれだけ生活の用に資するかを指し示すことが残っているが、それはこれから書きおくことから容易にわれわれに気づかれるであろう。ということは、

一、われわれが神の首肯《うなず》きだけにしたがって行い、神の自然の性に与《あずか》ること、そして行いの点でいっそう完全に振舞うほど、かつ神をますます解るほど、それだけいっそうそのように行い、

与るということを教えるから。ゆえにこの教えには、心をとにかく静まらせることに加えて、われわれに自身の最高の幸福、言いかえると至福が何に存するかを教えるということもそなわる。すなわちそれは神の認識のみに存し、それによりわれわれは〔神への〕愛と敬いによって勧められることだけを行うように引き入れられる。そこからわれわれは次のような者が器量〔徳〕(21)に真の評価を下すことからどれだけはずれているかということをはっきりと解る。それは、器量そのものと神への隷従とが幸福そのものでも最高の自由でもないかのように、器量と最良の行いへの返しとして、まるでこの上ない隷従への報いのように、神から最高の褒美を栄として授かることを期待するような輩である。

二、偶運に属する、言いかえるとわれわれの能力のうちにないものごとをめぐって、つまりわれわれの自然の性からは出てこないものごとをめぐって、どのように身を処しなければならないかを教えるから。ということは、偶運の両方の面を、平らかな心持で、待ち設けるとともに耐えなければならないことを教えるので。たしかに、いっさいのことは、三角形の有りかたからその三つの内角の和が二直角に等しいことが出てくるように、神の永遠の決心から発して同じ必然で出てくるのであるから。

三、この教えは、だれをも憎まず、軽蔑せず、莫迦《ばか》にしないように、だれに対しても怒らず、嫉《ねた》まないように教えるので、共同の生活に寄与する。加えて、めいめいが自分のものに満足することを、そして隣人に対しては、めめしい憐れみや身贔屓《みびいき》や迷信からではなく、第四部(22)でわたしが示すように、理性の導きだけから、すなわち頃合とものごとが需《もと》めるのに応じて、助けとなることを教えるので。

四、おしまいにこの教えは共同の世の結びつきにも寄与するところが少なくない。それは、どんな理由で市民が統治され、導かれなければならないか、もちろん奴隷のように仕えるためではなく、この上なく善いことを自由に行うようにであるということを教えるので。

さて以上で、この備考で扱うと決めていたことを終えた。またここでこの第二部を終りにする。この部ではわたしは、人間の精神の自然の性とその特性を十分詳しく、また事柄のむずかしさによって求められる分だけ明晰に、説明を施したつもりである。そうして燦然と目を惹く、最大に有益な、また認識する必要があるたくさんのことを結論として導けるようなことを述べたつもりだ。その一部はこの先の論から確かめられるであろう。

第二部終り。

第三部　感情の起源と自然の性について〔抄〕

序言

感情と人間の生活術について書いてきた大部分の人たちは、自然の共通の法則に従う自然物についてではなく、自然のそとに在る物について論じているように見える。いや、それどころか、自然のうちの人間をあたかも「支配する者の中にいる支配者」のように念っているかに見える。なぜかといえば、かれらは、人間が自然の次第に従うよりも紊《みだ》し、自分の行いの上に無条件の力をそなえ、自分自身以外の別のものから決定されないと信じ込んでいるからである。それから人間の無力と移ろいやすさの原因を、自然の共通の力ではなく、何かはわたしの知らない、人間の自然の性の欠陥のせいにして、そこからそれを嘆き、嗤《わら》い、蔑《さげす》む。あるいは、よくあることだが、呪う。そして人間の精神の無力を雄弁この上なく、あるいは目から鼻へ抜けるようにほじくり出すすべをわきまえている人はまるで神がかった者のように仰がれる。

それでも抜きん出た人物がいなかったわけではなく（その人たちの骨折りと才智にわれわれはたくさんを負っていることを認める）、ただしい生活術について煌《きらめ》きのあることをいっぱい書き、死をまぬかれない人間に賢慮の詰まった勧めを伝えた。が、しかし感情の自然の性と勢いを規定し、感情を宥《なだ》めることにかけて逆に精神に何ができるかを規定した者は、わたしの知るかぎりでは、だれもいない。名高いデカルトも、精神がみずからのはたらきに対して無条件の力をそなえると信じたが、それでも人間の感情をその第一の原因を通して説明することと、それとともに精神が感情に対して絶対の支配力をそなえうる道を示すことに傾注した。もちろんそのことをわたしは知っている。しかし、わたしの考えでは、デカルトは大きな天稟《てんぴん》の鋭い切っ先を示しただけである。それはしかるべき所で証《あか》す(1)。

というのも、わたしは人間の感情と行いを解るよりも呪うか嗤うかするほうを好む者たちのことに還りたいと思うからである。この人たちには、わたしが人間の欠陥と愚かの沙汰を幾何学の流儀で扱おうと企てることや、理性に背き、無益でばかばかしく怖気《おぞけ》立つとかれらが声を大にして訴えるようなことを確かな理屈で論証しようなどと志すことなどは、おそらく奇異なことと見えるであろう。

だがわたしの行きかたはこうだ(2)。自然のうちには、自然の欠陥のせいにされうるようなことは何も生じない。なぜかといえば、自然はいつも同じであり、どこをとっても自然の活力とはたらく力は一つであり同じである。つまり、あらゆるものが生じ、ある形相から別の形相へ変じる自然の法則と規則はどこでもいつでも同じである。したがって、どんな物をとろうと、その自然の性を解る理屈もやはり一つで同じのはずである。ということは、自然の普遍の法則と規則とによらなければならない。

こうして、憎しみ、怒り、羨《うらや》みなどの感情は、それそのものを考察すると、そのほかの個物の場合と同じ自然の必然と活力から結果として出てくる。これによりそれらは或るきまった原因を受け容れて、それを通して解される。またわれわれが眺めるだけで魅せられるその他いっさいの物の特性と同等に、われわれが認識するに価する一定の特性をもつのである。そこでわたしは、もろもろの感情の自然の性と勢いについて、そして感情に対する精神の力について、これに先立つ部で神と精神について行ったのと同じ方法で論じる。また、人間の行いと衝動《きもち》とを、ちょうど線や平面、または立体に関する問題であるのと同じように考察することになる。

定義

一　十全な原因とわたしが名づけるのは、それの結果がこれを通して明晰判明に覚知されうるような原因である。対するに、不十全な原因、またの言いかたで部分的原因とわたしが呼ぶのは、その結果がこのものだけを通しては解りえないような原因である。

二　「われわれがはたらきを行う」とわたしが言うのは、われわれのうちかまたはそとで、われわれが十全な原因になっているような何かが生じるとき、つまり（まえの定義より）われわれの自然の性から、われわれのうちかまたはそとで、その自然の性だけを通して明晰判明に解りうるような何かが出てくるときである。ところが反対に「われわれがはたらきを受ける」とわたしが言うのは、われわれが部分的原因でしかないような何かがわれわれのうちで生じるか、あるいはそうした何かがわれわれの自然の性から出てくるときである。

三　感情ということでわたしが解るのは、体のはたらく力を増すか減じるか、促すか抑えるかする、体のもろもろの変容、とともに、これらの変容の観念である。

そこでもしわれわれがこうした変容のうちの何かの十全な原因であることができるとすれば、その場合感情ということでわたしが解るのは能動であり、そうでない場合には受動〔情念〕である。

要請

一　人間の体は、それのはたらく力を増すか減じるかするたくさんのしかたで触発されうるし、またそれのはたらく力をより大きくも小さくもしない別のしかたでも触発されうる。

この要請、言うなら公理は、第二部命題一三のあとの要請一と補題五と七に支えられる。そこを見よ。

二　人間の体はたくさんの変質を受けうるが、それにもかかわらず対象の刻印、言いかえると跡を留めることができ（これらについては第二部要請五を見よ）、結果として物の同じ像を留めうる。像の定義は、第二部命題一七備考を見よ。

命題一

われわれの精神はなにがしかのはたらきを行うが、またなにがしかのはたらきを受ける。ということは、十全な観念をもつかぎり、必然になにがしかのはたらきを行い、不十全な観念をもつかぎり、必然になにがしかのはたらきを受ける。

論証

どの人間の精神にそなわる観念でも、十全なものがある一方、切れ切れで混乱したものがある（第二部命題四〇備考(3)より）。さて或る精神のうちで十全である観念は、神が当の精神の有りかたをつくり成すかぎり、神のうちで十全である（第二部命題一一系より）。次に精神のうちで不十全である観念は（同じ系より）神がただ当の精神の有りかたをみずからのうちに含むかぎりでだけではなく、また別のもろもろの物の精神を一緒にみずからのうちに含むかぎりでは、神のうちでやはり十全である。次に、どの与えられた観念からも何らかの結果が必ず出てくるはずであり（第一部命題三六より）、神はその結果の十全な原因であるが（この部の定義一を見よ）、それは神が無限であるかぎりでではなく、神が与えられたその観念に変容したと考察されるかぎりでである（第二部命題九を見よ）。ところが何かの精神のうちで十全である観念に変容しているかぎりでの神が原因である結果について、その同じ精神は十全な原因である（第二部命題一一系より）。それゆえ、われわれの精神は（この部の定義二より）十全な観念をもつかぎりで、必ずなにがしかのはたらきを行う。これが第一の点だった。

次に、神が一人の人間の精神だけをみずからのうちにもつかぎりではなく、別のもろもろの物の精神をその人間の精神と一緒にみずからのうちにもつかぎりで、神のうちで十全である観念から必然に出てくるどれについても、（同じ第二部命題一一系より）その人間の精神は十全な原因ではなく、部分的原因であり、したがって（この部の定義二より）精神は不十全な観念をもつかぎり、必ずなにがしかのはたらきを受ける。それが二番目の点だった。ゆえにわれわれの精神は云々。論証以上。

系

ここから、精神は不十全な観念を数多くもつほどにそれだけ数多くの受動に服し、反対に十全な観念を数多くもてばもつほど、それだけ数多くのはたらきを行うということが出てくる。

命題二

体は精神を思うことへ決定づけることができないし、また精神は体を運動にも静止にも、また別の何か（もしそういう何かが在るとして）にも決定づけることはできない。

論証

思いの様態はすべて、神が思う物であるかぎりで、そして神が別の属性によって説明されるかぎりでではなく、神を原因としてもつ（第二部命題六より）。ゆえに、精神を思うことへ決定づけるものは思いの様態であって、広がりの様態ではない。つまりは（第二部定義一より）体ではない。これが第一の点だった。

次に、体の運動と静止は別の物体によって起るはずであり、この物体もまた別のものから運動かあるいは静止へと決定された。汎《ひろ》く通じる言いかたをすると、体のうちに起ることはどれも、神が広がりの何らかの様態に変容したと考察されるかぎりで、そして思いの何らかの様態に変容したと考察されるかぎりでではなく（同じ第二部命題六より）、神から起らなければならなかった。つまり（第二部命題一一より）思いの様態である精神からは起りえない。それが二番目の点だった。ゆえに体は精神を云々。論証以上。

備考

こうしたことは第二部命題七備考で言ったことからもっとはっきりと解る。すなわち、精神と体は一つの同じ物であり、ときに思いの属性のもとで、ときに広がりの属性のもとで念われるということである。そこから、順序、言いかえると物の連鎖は、自然が広がりの属性のもとで念われようと思いの属性のもとで念われようと一つであること、その結果、われわれの体の能動と受動の順序は、精神の能動と受動の順序と、自然の性の上で同時であるということが生じる。それは第二部命題一二をわれわれが論証しているやりかたからもまた明白である。

ところが、こういうことであって、疑いを抱く理由は何も残らないけれども、それでも事柄を経験によってわたしが実証しないと、人びとがこのことを偏《かたよ》りのない気持で思い量ることに誘《いざな》われうるとはなかなか思えない。それほどまでにかれらは、体が精神の首肯《うなず》きだけからときに運動し、ときに静止し、独り精神の意志と考案する技とにかかるひじょうに多くのことを行うと固く思い込んでいる。

それはほんとうのところ、体に何ができるのか、だれもこれまで規定した者がいないからである。つまり、ただ物体の性質をそなえると考察されるかぎりでの自然の法則だけから体にできるはたらきが何なのか、そして精神によって決定を受けなければ体にはできないことが何なのか、だれにもこれまで経験は教えなかった。なぜかといえば、だれもこれまで体の組織を、その機能のすべてを説明できるほど精確には識っていないからである。人間の明敏さをはるかに越える多くのことが動物のうちで観察されることや、夢遊病者が目覚めているあいだだったらとてもできないひじょうにたくさんのことを睡《ねむ》りの状態で行うことなどをいまは言わないでおくとしても。これは、体そのものがおのれの自然の性の諸法則だけから、その精神が驚き呆れるようなたくさんのことをなしえるということを十分に示している。

それから、どんな手順で、あるいはどんななかだちを使って精神が体を動かすのかを知る者はだれもいないし、また、どの程度の運動を精神は体に渡せるのか、そしてどれほどの速さで体を動かせるのか、だれも知る者はいない。そこから出てくるのはこういうことで、体の行うあれこれが、体に対して支配力をそなえる精神から起ると人びとが言うとき、その人たちは自分が何を言っているのか知らず、していることといえば、その行いのほんとうの原因を知らないまま驚いてもいないということをもっともらしい言葉でみずから明かしているだけである。

ところがかれらが言うことはこうなる。どんななかだちを使って精神が体を動かすのかを自分が知る知らないにかかわりなく、それでも精神が思案に向かなければ、体の活気が鈍いことを経験して確かめている、と。それから、話すことも黙っていることも、さらに同じように精神の決心にかかっているとかれらが信じるほかのたくさんのことも、独り精神の能力のうちに在ることを経験して味わっている、と。

けれども一番目の点に関しては、わたしはその人たちに尋ねる。経験はまた、逆に体の活気が乏しければ、同時に精神が考えることに不向きであることも教えはしないだろうか。というのも、体が睡って静止しているとき、精神は体と一緒に無感覚に睡らされたままであり、目覚めているときのように思案する能力をもたないからである。それから、精神は同じ対象のことを思うのにいつでも等しく向いているわけではない。体のうちにこの対象の像が呼び起されるのか、あの対象の像が呼び起されるのか、体がいずれかにいっそう向くのに応じて、精神はこの対象かあの対象かを眺めることにいっそう向く。このことはみんなが経験して味わっていると思う。

ところがこの人たちは、ただ物体の性質を帯びると考察されるかぎりでの自然の諸法則だけによっては、大建築物や絵画やこういった人間の技芸のみによって生じる類いの物の原因が導き出されうることにはなりえないし、また人間の体は精神によって決定され、導かれなければ、何か或る寺院を建てる力をもつということも生じえないと言うだろう。

だが、もう示したことだが、かれらは体に何ができるか、あるいは、体の自然の性を観想することだけで何が導かれうるかということを知らない。その上、夢遊病者が睡っている状態で行って、目覚めたときには自分でも驚き呆れることがそうであるように、精神の指導にしたがってでなければ生じうるとはけっして信じなかったようなひじょうにたくさんのことが、自然の諸法則だけから生じることをかれらは経験して味わう。ここで言い足すと、人体組織そのものが、人間の技によって組み立てられたいっさいを、技巧の点で及びもつかないほどに越えている。どんな属性を採っても、そのもとで考察された自然から無限に多くのものが出てくることをまえに示してあるが、それにいまは触れないとしても。

先に進んで、二番目の点に関しては、黙っていることも話すことも同等に人間の能力のうちに収められるとしたら、掛値なしに人をめぐることはずっと仕合せに運んでいるであろう。ところが経験は、人びとにとって口ほど意のままにならないものはなく、また自分の衝動《きもち》を宥めることも微塵もできないということを十分を超えてそれ以上に教える。

そこから大多数の人が、われわれは控え目に求めることだけを自由に行うのだと信じるようなことになった。そうした物への衝動はたびたび思い浮べるほかのものごとの覚えによってたやすく封じ込められるからである。けれども占めるところが大きい感情でもって求めるようなものは、ほかのものごとの覚えによって鎮めることが叶わないし、全然自由にはならないわけである。しかしながら、われわれはあとで悔やむことを数多く行い、しばしば、すなわち対立する感情に葛藤するときに、「より善きものを見ながら、より悪しきものに随く《つ》(4)」ことを経験して味わう。そういう経験がなかったら、すべてを自由に行うと信じることをとどめるものは何もないであろう。

こういうふうにして乳呑み児は自分が自由に乳を欲しがると思い込むわけだし、かっとなった子は仕返しを、臆病な者は逃亡を、自由に志すと思うのである。それから酔っぱらいは、あとで素面《しらふ》になれば黙っていたかったことを、精神の自由な決心にしたがって話すと信じている。同様に、気が触れた者やおしゃべりや子ども、これに似たり寄ったりの数知れない者たちも、抱いている気持から話そうするはずみに持ちこたえられない場合でも、精神の自由な決心にしたがって話すと思い込む。

こういうことだから、経験そのものも、理性に劣らずはっきり、こう教える。人びとが自分を自由と思い込むのはひとえに、おのれの行うことを意識していながら、決定を受けている原因のことに無知でいるためである、と。これに加えて、精神の決心とは衝動そのもの以上の何かではなく、それがためにこれは体がさまざまに変った状態に置かれるのに応じてさまざまであるということを教えられる。じっさい、めいめいおのが感情にもとづいて一切合財を処し、その上に、対立する感情に葛藤する者は何を志しているのかを知らない。一方、いかなる感情にも煩わされない者はといえば、簡単なことがきっかけであっちにもこっちにも駆られるからである。(5)

請合ってかまわないが、こうしたいっさいがはっきりと示しているのは、精神の決心も体の衝動と決定も自然の性の上で同時であること、あるいはむしろ一つの同じものごとであり、思いの属性のもとで考察され、その属性を通して説明されるときには、それを「決心」という名でわれわれは呼び、広がりの属性のもとで考察されて運動と静止の諸法則から導かれるときには「決定」と呼ぶのだということである。それはいまから言うことによってなおはっきりと明白になるであろう。

じっさい、ここでとりわけて注意してもらいたいことが別にあるからである。それは、われわれが精神の決心から何かをなしうるということは、それを思い浮べなければできないということである。たとえば、われわれは語を思い浮べなければ、話せない。次に、何かのものごとを思い浮べるか、あるいは忘れるかということは、精神の自由な能力の埒外にある。だから、精神の能力の埒内にあるのはただ、われわれが思い浮べるものごとを、精神の決心のみにしたがって、黙っているか、あるいは話すかできるということだけであると思い込まれている。

だが、われわれが話しているのを夢に見るときには、自分が精神の自由な決心にしたがって話していると思い込んでいるにもかかわらず、話してはいない。あるいは、話すとしても、それはひとりでに生れる体の運動から生じる。それからわれわれはなにがしかのことを人びとに隠し立てしている夢を見る。それは、知っていることを目を覚ましているあいだに言わずに黙っているのと同じ精神の決心によると夢の中で思っている。おしまいに、われわれは、目覚めているあいだだったらとてもできないようななにがしかのことを、精神の決心にしたがって行うのを夢に見る。

だからぜひとも知りたいのだが、精神のうちには、一つは「空想上の」、もう一つは「自由な」という二つの類いの決心が与えられてあるのか。が、もしそこまで頭をおかしくするのを潔しとしないなら、自由であると思い込まれているこの精神の決心は、想像のはたらきそのもの、言いかえるなら、記憶から区別されず、また、観念が観念であるかぎり必ず伴うあの肯定のはたらき（第二部命題四九を見よ）と別物ではないということが必然のこととして認められるべきである。だから、精神のこうした決心は、現実に実在している諸物の観念と同じ必然によって精神のうちに生れる。したがって、精神の自由な決心にしたがって話す、または黙っている、あるいは何ごとかを行うと信じる者は、開いた目で夢を見ているのである。

命題三

精神の能動は十全な観念だけから起る。対するに、受動のほうは不十全な観念だけにかかっている。

論証

精神の有りかたをつくり成す第一のものは、現実に実在している体の観念にほかならない（第二部命題一一と一三より）。それは（第二部命題一五より）たくさんのほかの観念から成り、そのうちには十全なものがある一方（第二部命題三八系より）、不十全なものもある（第二部命題二九系より）。さて、精神の自然の性にしたがって出てくるどんなものでも、精神はそれを解らせるはずの最近原因であるから、必然のこととしてそのものは十全な観念か、または不十全な観念から出てくるはずである。ところが（この部の命題一より）精神は不十全な観念をもつかぎりで必ずはたらきを受ける。だから精神の能動は十全な観念のみから出てくる。このゆえに、精神がはたらきを受けるのはただ、不十全な観念をもつからである。論証以上。

備考

こうしてわれわれが見てとるのは、受動が精神のものとされるのは、精神が否定を伴う何かをもつかぎりでだけであり、言いかえるなら、ほかのものから離して、おのれを通して明晰判明に覚知できない自然の一部分とみなされるかぎりでだけである、ということである。この行きかたでわたしは受動が、精神のものとされるのと同じしかたで個物のものとされ、他の絡みではみとめられないことを示せる。けれども、わたしがもくろみとしているのは、人間の精神についてだけ論じることなのである。

命題四

いかなる物もそとの原因からでなければ破壊されることがありえない。

論証

この命題はおのずと明白。というのは、どんな物の定義もその物の有りかたを肯定するが、否定はしない。言いかえるなら、物の有りかたを据えはするが、奪い去りはしないからである。こうしてわれわれが当の物だけに注意を向け、そとの諸原因のほうには意を留めないあいだは、その物のうちに自身を破壊しうるようなものは何も見つけることができないことになる。論証以上。

命題五

物は、片方が相手を破壊できるかぎり、反対の自然の性のものであり、つまりそのかぎりで同じ主体のうちに在ることができない。

論証

というのも、もしそれらがたがいに一致しうる、あるいは同じ主体のうちに一緒に在ることができるとしたら、まさに同じ主体のうちにそのものを破壊できる何かが与えられうるであろうが、それは（前の命題より）背理だからである。ゆえに物は云々。論証以上。

命題六

物はそれぞれ、自身のうちに在る分、おのれの有ることを通そうと力《つと》める。

論証

というのは、個物は、神の属性を或るきまった決定されたしかたで表現する様態である（第一部命題二五系より）。つまり（第一部命題三四より）神が在り、そしてはたらくその力を或るきまった決定されたしかたで表現する物である。また、いかなる物も、それを破壊しうる何か、言いかえるとその実在を奪い去る何かを自身のうちにはもたない（この部の命題四より）。かえって、それの実在を奪い去りうるもののいっさいと対抗させられるのであるから（前の命題より）。よって、できるだけ、また自身のうちに在る分、おのれの有ることを通そうと力める。論証以上。

い。

命題七

物それぞれがおのれの有ることを通そうと力める努力はその物の現実の有りかたにほかならない。

論証

どんな物でもその与えられた有りかたからなにがしかのことが必ず出てくる（第一部命題三六より）。また物は、それらの決定された自然の性から必然に出てくることと別のことはなしえない（第一部命題二九より）。だからどんな物でも、その物がそれだけで、あるいはほかのものどもと一緒に何かを行うか、または行おうと力める、それの力、言いかえると努力は、つまり（この部の命題六より）おのれの有ることを通そうと力める力、言いかえると努力は、その物の与えられた、言いかえれば現実の有りかたにほかならない。論証以上。

命題八

物それぞれがおのれの有ることを通そうと力める努力は、有限な時間ではなく、無限定な時間を伴う。

論証

というのも、もしそれが物の持続を決定する制限された時間を伴うとしたら、そのときには、物が実在する力そのものだけから、制限されたその時間のあとでは物は実在できずに、かえって破壊されるはずであるということが帰結するであろう。しかるにこれは（この部の命題四より）背理だからである。ゆえに、物が実在する努力は限定された時間を何ら伴わない。反対に（この部の同じ命題四より）もしそとの何らの原因によっても破壊を受けなければ、いま実在するのと同じ力でいつも実在し続けるから、まさにこの努力は無限定の時間を伴う。論証以上。

命題九

精神は、明晰で判明な観念をもつかぎりでも、混乱した観念をもつかぎりでも、無限定ななにがしかの持続のあいだおのれの有ることを通そうと力め、みずからのこの努力を意識する。

論証

精神の有りかたは十全な諸観念と不十全な諸観念とからつくり成され（この部の命題三でわれわれが示したように）、よって（この部の命題七より）不十全な観念をもつかぎりでも十全な観念をもつかぎりでも、おのれの有ることを通そうと力める。しかもそれは（この部の命題八より）無限定なにがしかの持続のあいだである。一方精神は（第二部命題二三より）体のもろもろの変容の観念を通して必ずみずからを意識するから、まさに（この部の命題七より）精神はみずからの努力を意識する。論証以上。

備考

この努力は精神だけのものとされるときには「意志」という名で呼ばれる。けれども精神と体とに一緒のものとされるときには「衝動」と呼ばれる。したがってこれは人間の有りかたそのものにほかならず、それの自然の性から必然のこととしてその人を保つ用をなすことが出てくる。そうして人はそれらを行うように決定されている。

それから、衝動と慾望のあいだには、慾望が普通、自分の衝動を意識しているものとして、人間のものとされるという点を別にすれば、何も違いはない。そのためにこう定義できる。すなわち、**慾望とは、衝動がそれの意識とともにあるものである。**

こうしてこれらすべてから確かめられるのは、われわれは何ものも、それが善であると判じるがゆえに、力め、志し、衝動《きもち》を感じ、また望むのではない。かえって逆に、或ることに力め、それを志し、衝動を感じ、望むために、それが善であると判断するのだ、ということである。

命題一〇

われわれの体の実在を締め出す観念は、われわれの精神のうちに与えられることができず、それと相容れない。

論証

何であれ、われわれの体を破壊しうるものは、体のうちに与えられることができず（この部の命題五より）、よってまた、その物の観念は、われわれの体の観念をもつかぎりでの神のうちに与えられることができない（第二部命題九系より）。つまり（第二部命題一一と一三より）その物の観念はわれわれの精神のうちに与えられることができない。逆に、（第二部命題一一と一三より）精神の有りかたをつくり成す第一のものは、現実に実在している体の観念である以上、われわれの精神の努力のうちで第一にして主要をなすものは（この部の命題七より）われわれの体の実在を肯定することである。したがって、われわれの体の実在を否定する観念はわれわれの精神と相容れず云々。論証以上。

命題一一

われわれの体のはたらく力を増すか減じるか、促すか抑えるかするものは何であれ、その物の観念がわれわれの精神の思う力を増すか減じるか、促すか抑えるかする。

論証

この命題は第二部命題七から、あるいは第二部命題一四からもまた明白である。

備考

こうして、精神は少なからぬ変化を被ることがありえ、そのときどきで完全さが大きいほうへ移ったり、小さいほうへ移ったりしうることをわれわれは見てとる。こうした受動はたしかにわれわれに喜びと悲しみという感情〔触発された情態〕(6)を説明する。そこで、以後わたしが**喜び**ということで解るのは、**精神がいっそう大きな完全さへ移る受動**とする。対するに**悲しみ**のほうは、**精神がいっそう小さな完全さへ移る受動**となる。加えて、**精神と体とに同時に関係づけられた喜びの感情**を**快さ**あるいは**陽気**と呼び、そうした悲しみの感情のほうは**苦痛**あるいは**憂鬱**と呼ぶ。けれども注意されるべきは、快さと苦痛とが人間のものとされるのは、その或る部分がそのほかの部分をさし置いて刺戟されたときであり、対するに陽気と憂鬱のほうはあらゆる部分が一様に刺戟されたときである。

それから欲望が何かということはこの部の命題九の備考でわたしは説明してあり、この三つのほかにはわたしは始まりを成す根本の感情を認めない。そのほかはこの三つから起ることをこの先で示すから。

しかし先を続けるまえに、どんなわけで観念どうしが相容れないことになるのかをもっと明晰に解ってもらうために、ここでこの部の命題一〇をもっと繰り広げて説明するのが適切と思う。

第二部命題一七の備考でわれわれは、精神の有りかたをつくり成す観念は、体そのものが実在するそのあいだ、体の実在を伴うことを示しておいた。それから第二部命題八の系とその備考で示したことから出てくるのは、われわれの精神が現在実在しているというのは、言わずと、精神が体の現実の実在を取り込むことだけにかかっているということである。おしまいに、精神が物を想像し、それらを思い起す力はやはり精神が体の現実の実在を取り込んでいることにかかっているということをわれわれは示した（第二部命題一七、一八とその備考を見よ）。

これらから出てくるのは、精神の現在の実在とその想像する力とは、体の現在の実在を精神が肯定するのをやめるのと同時に奪い去られるということである。ところが精神が体のこの実在を肯定するのをやめる原因は、精神それ自身ではありえないし（この部の命題四より）、また体が在るのをやめることでもありえない。なぜなら（第二部命題六より）精神が体の実在を肯定する原因は、体が実在し始めたからということではないからである。だから同じ理屈によって、体が在るのをやめるから、精神はその体の実在を肯定するのをやめるのではない。そうではなく（第二部命題八より）[7]このことは、われわれの体の、その結果としてわれわれの精神の、現在の実在を締め出す別の観念によって起り、よってその観念はわれわれの精神の有りかたをつくり成す観念と相容れないのである。

命題一二

精神は、体のはたらく力を増すかあるいは促すかするものをできるだけ想像することに力める。

論証

人間の体が或るそとの物体の自然の性を伴うようなしかたで触発されているそのあいだ、人間の精神は当の物体をまえに在るように眺めることになる（第二部命題一七より）。結果として（第二部命題七より）人間の精神が或るそとの物体をまえに在るように眺める、つまり（同じ命題一七の備考より）想像するそのあいだ、人間の体は当のそとの物体の自然の性を伴うようなしかたで触発されている。したがって精神がわれわれの体のはたらく力を増すかあるいは促すかするものを想像するそのあいだ、体はそのはたらく力を増すかあるいは促すかするようなしかたで触発されている（この部の要請一を見よ）。結果として（この部の命題一一より）そのあいだ精神の思う力は増されるかあるいは促される。これにより（この部の命題六あるいは命題九より）精神はそれらのものをできるだけ想像することに力める。論証以上。

命題一三

精神が体のはたらく力を減じるか抑えるかするものを想像するときには、精神はこれらのものの実在を締め出す物をできるだけ思い起すことに力める。

論証

精神がそうした何かを想像するそのあいだ、精神と体の力は減じられるか、あるいは抑えられるが（前の命題で論証したのと同じように）、それにもかかわらず精神は、このものの現在の実在を締め出す別のものを想像するにいたるまでは続いてこれを想像することになる（第二部命題一七より）。つまりは（たったいま示したとおり）精神と体の力は、精神がこのものの実在を締め出す別のものを想像するにいたるまでは続いて減じられるか、あるいは抑えられ、よって（この部の命題九より）精神はできるだけこの別のものを想像し、あるいは思い起すことに力めることになる。論証以上。

系

ここから、精神はみずからと体の力を減じるか抑えるかするものを想像するのを厭うということが出てくる。

備考

以上からわれわれは、愛が何であるか、そして憎しみが何であるかということを明晰に解る。すなわち**愛とはその原因の観念を随《したが》えた喜び**よりほかのものではなく、**憎しみとはその原因の観念を随えた悲しみ**よりほかのものではない。

それからわれわれは、愛する者は必然のこととして自分が愛する物を目のまえに置いて保とうと力め、反対に、憎む者は必ず自分が憎しみを抱く物を除いて破壊しようと力めることを見てとる。けれどもこうしたすべてについては、この先でもっと詳しく述べられる。

〔第三部以下省略(8)〕

第四部　人間の奴隷状態、あるいは感情の勢力について〔抄〕

＊を印した指示箇所は本訳書で省略された部分

序言

感情を宥め、抑えるうえでの人間の無力を、わたしは「奴隷状態」と呼ぶ。じっさいもろもろの感情に服する人は自分を支配する立場にはなく、偶運の支配下に置かれているからである。その手中にあることといったら、自分にとってより善いものを見ているのに、それでもより悪いほうに従うようにしばしば強いられているほどである。(1) このことの原因、それに加えてもろもろの感情にどんな善いところと悪いところがそなわるのかを、わたしはこの部で論証しようと考えた。しかし取りかかるまえに、完全と不完全、善と悪についてあらかじめ少し述べておくのが適切と思う。

何か物を作ろうと決めて、それを終らせた者は、自分の手がけた物が「完成した」と言うだろう。(2) その人自身だけではなく、その作品の作り手の意中とめざしているところとをただしく識っている者、または識っていると思い込む者もそれぞれそう言うことになる。たとえば、だれかが或る為事（まだやり遂げられていないと仮定しておく）を見る。そしてその為事の作り手のめざしているものが家を建てることだと識っているとすれば、その見た人は家が「未完成だ」と言うだろう。反対に、作り手が課すと決めた終りに為事が持っていかれているのを見るや、「完成している」と言うであろう。だが、だれかが或る為事を見、それに類したものをかつて見たことがなく、また職人の意中も識らないとしたら、その者はその仕事が完成しているのか、それとも未完成なのか、さっぱり知ることができない。そして、こういったことがこの二つの語の初めの意味だったように思われる。

しかし人びとが普遍的な観念を形成し、家や大建築物や塔などの型を考え出し、物の型の中で或る型を別のより好んだりすることを始めてからというもの、めいめい、そうした物について形づくった普遍的な観念と一致すると見てとるものを「完全」と呼び、反対に自分が念った型と一致することが少ないと見てとるものを、職人の考えにしたがえばすっかり果されていても、「不完全」と呼ぶようになった。

人間の手で作られていない自然の物までもがなぜ完全または不完全と俗に称されるかという理由もこれと別ではないように見える。というのも人びとは人工の物についてと同様に自然の物についても普遍的な観念を形づくることに慣れているから、それをちょうど物の範型のように胸に抱き、自然（何かの目的のためでなければ何も行わないと思われている）がそれらの観念に目配りをし、範型としてその前に置くと思い込んでいる。そこで、そのような物について持ち合せる念われた型と一致することが少ない何かが自然のうちに生ずるのを目にするときには、当の自然が手抜かりをしたか過ちを犯して、その物を不完全のままに残したと信じるのである。

このようにして、人びとが自然の物を完全または不完全と呼ぶことに慣らされたのは、それらを真に認識していることよりも、先入見からであるということをわれわれは見てとる。じっさい、第一部の付録でわれわれは、自然が目的を考慮してはたらくのではないことを示している。われわれが「神」あるいは「自然」という名で呼ぶ、あの永遠にして無限な存在者は、実在するのと同じ必然ではたらきを行うからである。というのも、実在することにかけての自然の性の必然と同じ必然で、その存在者がはたらきを行うことをわれわれは示したから（第一部命題一六）。そうすると、神、言いかえるなら自然がはたらく理由あるいは原因と、それが実在する理由あるいは原因とは一つの同じものである。それゆえ、それが実在するのが何の目的のためでもないように、はたらきを行うのもまた何の目的のためでもない。それどころか、実在することと同じく、はたらくことにも、始まりをなす原理や終りとなる目的を何ももたないのである。他方、「目的原因」と言われる原因は、人間の欲求衝動が何かのものごとの始まり、言いかえると一次的な原因のように考えられるかぎり、まさにその欲求以外の何ものでもない。

たとえば住むことが、あれこれの家の目的原因であったとわれわれが言うときには、われわれに解るのは掛値なしに、人が、家で暮す便利さを思い描いたことから家を建てる欲求《きもち》を抱いたということにほかならない。だから目的原因と考えられるかぎりでの住むことは、この個別の衝動を越えた何ものであるわけでもない。この衝動はじつは作用原因であるが、人びとが普通自分の衝動の原因を知らずにいるために、第一の原因とみなされる。なぜなら、もう幾度となく言ったように、人はなるほど自分の行いと欲求《きもち》について意識をもつけれども、何かを欲することへ決定する原因のことには無知でいるからである。

加えて、俗に言うところの、自然がときにしくじるか過ちを犯すかして、不完全な物を産み出すということを、わたしは第一部の付録で論じた作りごとのうちに算える。

そうすると、完全さと不完全さとはじつはただ思いの様態、ということは、われわれが同じ種または類のもろもろの個体をたがいに較べ合せることから習いとして拵え上げる概念である。こういうわけでわたしはさきに（第二部定義六）、物としての性格と完全さということでわたしが解るのは同じものであると言った。じっさいわれわれは自然のいっさいの個体をもっとも一般的と呼び称される一つの類に、ということは、自然の個体すべてに無条件に属する「有るもの」という概念に、引き戻すのを慣わしとしている。そこで、自然のもろもろの個体をこの類に引き戻し、たがいに較べ合せて、いくつかがほかよりも存在としての性格、言いかえると物としての性格を多くもつことを見出すかぎりで、われわれはそれらがほかよりも完全だと言う。また、限界や終りや無力などのように、否定を伴う何かをそれらのものとするかぎりで、われわれはそれらを不完全という名で呼ぶ。それはそうしたものが、完全とわれわれが呼ぶものと同じほどにはわれわれの精神に触れないからであって、それらの持ちものとする何かがそこに欠けているとか、あるいは自然が過ちを犯したからというわけではない。というのも、或る物の自然の性にあてはまるのは、作用原因の自然の性の必然から帰結するものを措いて何もなく、作用原因の自然の性の必然から出てくるものは何であっても、必ずそれは生じるからである。

善さと悪さとに関しては、物のうちで、むろんそれそのものを考察したときに、やはり肯定的な性質のものを何も指し示さない。また、これらは思いの様態、言いかえるなら、われわれが物をたがいに較べ合せることから形づくる概念を越えた別のものではない。なぜかといえば、一つの同じ物が同じ時に善でも悪でも、またそのどちらでもよいものでもありうるからである。例えを出すと、楽の音は沈み勝ちの人には善く、哀悼に暮れた人には悪いが、耳の聞えない人には善くも悪くもない。

だが、ことはこうなっているけれども、これらの語をわれわれは留《とど》めておくべきである。なぜなら、われわれは目を注ぐ人間の自然の性の範型として人間の観念を形成することを望んでいるから、いま言った意味でまさにこれらの語を保持することがわれわれには役に立つであろう。そこで以下では、善ということでわたしが解るのは、われわれが自分の前に置く人間の自然の性の範型にしだいに近寄るなかだちであると確かに知るもの、対するに悪ということでは、その範型をわれわれが摸することの礙《さまたげ》になると確かに知るもの、ということになろう。

それから人がほかならぬこの範型にどれだけ近づいているか近づいていないかによって、われわれは人びとをいっそう完全、またはいっそう不完全と言うことにする。なぜかといえば、次のことにとりわけ注意されるべきだからである。「だれかの完全さが小さいほうから大きいほうへ移る」、また逆に「大きいほうから小さいほうへ移る」と言うときに、わたしは「一つの有りかた、言いかえると形相から別のそれに変じる」と解してはいない。たとえば、馬が人間に変えられるならば、昆虫に変えられる場合と同じく破壊されるからである。わたしの解るのは、その者のはたらく力をその者の自然の性を通して解るかぎりで、この力が増すかあるいは減じるとわれわれが念う、ということである。

おしまいに、完全さ一般ということでわたしが解るのは、言っておいたように、物としての性格、つまり何ものであれ、或るきまったしかたで実在し、為事をするかぎりでのその物の有りかたのことであり、それの持続はいささかも考慮に入れない。なぜかといえば、どんな個物も時間の点でいっそう長く実在することを通したがために、それだけ完全であると言われることはできないからである。じじつ、物の持続はそれらの有りかたからは決定されることができないからで、それは、物の有りかたが実在することの或るきまった決定された時間を伴っていないからである。かえってどの物であれ、完全さの程度にかかわりなく、実在し始めるのと同じ勢いで、たえず実在することを通そうとできることになり、そういうふうに、すべてがこのことでは同等である。

定義

一　善さということでわたしが解るのは、われわれが自分に有益であると確かに知るものである。

二　悪さということで解るのは、対するに、何らかの善さにわれわれが与《あずか》るのを礙《さまた》げると確かに知るものである。

これらについては先立つ序言の終り近くを見よ。

三　個物の有りかただけにわれわれが注意を向けるあいだ、それらの実在を必然に据えるもの、あるいは必然に締め出すものを何もわれわれが見出さないかぎりで、個物をわたしは偶然のものと呼ぶ。

四　同じ個物をわたしが可能なものと呼ぶのは、産み出すはずの原因にわれわれが注意を向けるあいだ、原因がそれらを産み出すことへ決定されているのかどうかをわれわれが知らないかぎりでである。

第一部命題三三の備考一ではわたしは可能と偶然を精確に区別する必要がなかったので、これらに違いを何ら設けなかった。

五　反対の感情ということでこの先わたしが解るのは、それぞれ愛の一種である贅沢欲と吝嗇のように、同じ類のものであっても、人を別々のほうへ引っ張るものである。これらは自然の性の上で反対であるのではなく、偶たま付随する事情でそうなっている。

六　未来の物、現在の物、過去の物へ向けられる感情ということでわたしがどういうものを解るのかということは、第三部命題一八の備考一*と二*で説明した。そこを見よ。

けれどもここで加えて注意されていいのは次の点である。場所の隔たりと同じく、時間の隔たりもまた、われわれは或るきまったなにがしかの限界までしか判明には思い描けない。つまり二百呎《フィート》以上われわれから隔たっている、言いかえると、われわれのいる場所からの隔たりが、判明に想像する隔たりを超えるような対象はみな、われわれから同じくらい遠く隔たって、あたかも同じ面上に在るかのように想像するのがわれわれのつねである。それと同じように、対象の実在する時が、われわれが判明に想像するのに慣れているよりも長い間隔で現在から離れていると想像される対象も、みな現在から同じくらい遠く隔たっているとわれわれは想像して、いわば時の一つの瞬間のものとするのである。

七　われわれが何かをなすのがそれのためである目的ということで、わたしが解るのは欲求衝動である。

八　器量と力ということでわたしが解るのは同じものである。つまり（第三部命題七より）人間のものとされるかぎりでの器量とは、その人間の自然の性の法則だけを通して解ることのできるなにがしかを実現する能力をそなえるかぎりで、人間の有りかたそのもの、言いかえるなら自然の性である。

公理

物の自然のうちには、どんな個物でも、それよりも力があって強い別のものが与えられないようなものはない。むしろ与えられたどんなものにもそれより力のある別のものが与えられ、これによって初めのものは破壊されうる。

命題一

偽である観念にそなわる肯定的な何ものも、真なるものが真であるかぎりでは、これがまえに在ることによって除かれない。

論証

虚偽は、不十全な観念が伴う認識の奪われだけに存し（第二部命題三五より）、その観念には、偽と言われるわけを成す肯定的な性質の何かはそなわらない（第二部命題三三より）。かえって反対に、神のものとされるかぎり、それらは真である（第二部命題三二より）。そうすると、もし偽である観念にそなわる肯定的なものが、真なるものが真であるかぎりで、これがまえに在ることによって除かれるとしたら、まさに真の観念がおのれ自身によって除かれることになろうが、これは（第三部命題四より）背理である。ゆえに、偽である観念にそなわる肯定的な何ものも云々。論証以上。

備考

この命題は第二部命題一六の系二からいっそう明晰に解る。なぜなら想像とは、そとの物体の自然の性よりも人間の体の現在のしくみをいっそう、ただし判明にではなく混乱した状態で、指し示す観念だからである。そこから精神が誤ると言われることが生じる。

たとえば太陽をわれわれが見遣る場合、それを二百呎《フィート》ほどわれわれから隔たっていると想像する。このことでわれわれが間違っているのは、太陽のほんとうの隔たりをわれわれが知らないでいるあいだである。けれどもその隔たりが認識されるとたしかに誤りは除かれるが、想像は除かれない。つまり体が太陽から触発されるかぎりでのみ太陽の自然の性を説明する太陽の観念は除かれない。よって、太陽のほんとうの隔たりをわれわれが識っても、にもかかわらずそれをわれわれの近くに在ると像に描くことになる。なぜなら、第二部命題三五の備考で言ったように、太陽をそれほどまでに近いものとわれわれが想像するのは、太陽のほんとうの隔たりをわれわれが知っていないためではなく、体が太陽から触発を受けるかぎりで、精神が太陽の大きさを念うからである。同じように、水の面に射し込む日の光がわれわれの目に反射するとき、われわれは太陽のほんとうの場所を識っているにもかかわらず、それを水の中に在るかのように像に描く。精神を間違えさせるそのほかの想像も、体の自然のしくみを指し示すのであれ、体のはたらく力が増すか減じるかすることを指し示すのであれ、同様であって、真なるものと対立はせず、それがまえに在ることで消えはしない。

なるほど、われわれが或る悪を得ることを間違って恐れているときに、ほんとうの知らせを聞くことで、恐れが消え去るということはある。けれども逆に、確実に到来する悪をわれわれが恐れているときに、間違った知らせを耳にすることで恐れがやはり消え去るということもまた起る。したがって想像は、真なるものが真であるかぎりでは、これがまえに在ることによって消えはしない。消えるのは、第二部命題一七で示したように、そうした想像よりも強い、われわれが想像する物の現在の実在を締め出す別のものが浮び出るからである。

命題二

われわれは、自然の一部分として、ほかの部分から離して、おのれを通しては念われることができない部分であるかぎり、はたらきを受ける。

論証

われわれが部分的原因でしかない何かがわれわれのうちで起るときに（第三部定義二より）、つまり（第三部定義一より）われわれの自然の性の諸法則だけからは導かれることができない何かがわれわれのうちで起るとき、そのときわれわれははたらきを受けると言われる。したがってわれわれは、自然の一部分として、ほかの部分から離して、おのれを通しては念われることができない部分であるかぎり、はたらきを受ける。論証以上。

命題三

人間が実在することを通す勢いは制限されていて、そとの原因の力によって無限に越えられる。

論証

この部の公理から明白。何となれば、人間が与えられると、それより力がある別の何か（Aとする）が与えられ、そしてAが与えられると次には、そのAよりも力がある別のもの（Bとする）が与えられ、これは無限に進むからである。そこから、人間の力は他の物の力によって規定され、そとのもろもろの原因の力によって無限に越えられる。論証以上。

命題四

人間が自然の一部分ではないということ、また、自分の自然の性だけを通して解ることのできる、自分が十全な原因である変化以外には、何の変化も被らないで済ませるということは生じえない。

論証

個物が、したがって人間が、おのれの有ることを保つ力は、神、言いかえると自然の力そのものであるが（第一部命題二四系より）、これは、自然が無限であるかぎりではなく、（第三部命題七より）人間の現実の有りかたを通して説明されうるかぎりでである。こうして人間の力は、その人の現実の有りかたを通して説明されるかぎりで、神、言いかえるなら自然の無限の力の、つまり（第一部命題三四より）有りかたの一部分である。これが初めの点だった。

次に、人間がその人の自然の性だけを通して解ることのできる変化以外には、何の変化も被らないで済ませるということが生じうるとしたら、（第三部命題四と六より）人間は滅することがありえず、いつも必ず実在するということが出てくるであろう。そしてこのことは、力が有限である原因か、それとも無限である原因から出てくるはずであろう。ということは、あるいは人間の力だけからで、当然人間はそとの原因によって起りうるそのほかの変化を自分から退《の》ける力をもつであろう。それかあるいは自然の無限の力からであり、それによって、人間が自身を保つ用をなすもの以外にほかのいかなる変化も被らないで済ませるように、個々のすべてが監督されるであろう。

ところが一番目のほうは理に背く（前の命題によるが、その論証は普遍的であって、あらゆる個物にあてはめられうる）。それゆえ、もしも人間がその人の自然の性だけを通して解ることのできる変化以外には、何の変化も被らないということが生じえて、その結果（たったいま示したように）いつも必ず実在するということが生じうるとしたら、そのことは神の無限な力から出てこなければならないであろう。その結果（第一部命題一六より）或る人間の観念に変容したとみなされるかぎりでの神の自然の性の必然から、広がりと思いの二属性のもとで念われるかぎりでの全自然の次第が導き出されるはずであろう。そうして（第一部命題二一より）人間が無限であることが出てくるであろうが、それは（この論証の初めの部分より）理に合わない。こうして、人間が自分が十全な原因である変化以外には、ほかのいかなる変化も被らないということは生じえない。論証以上。

系

ここから出てくるのは、人間は必然のこととしていつでも受動に服し、自然の共通の次第に従ってその命じるままになり、物の自然が要求するだけこの次第に自分を合せるということである。

命題五

どんな受動〔情念〕でもその勢いと高まり、それが実在することを通す粘りは、われわれが実在することを通そう力める力によっては規定されず、われわれの力と較べ合されたそとの原因の力によって規定される。

論証

受動の有りかたはわれわれの有りかただけを通しては説明できない（第三部定義一と二より）。つまり（第三部命題七より）受動の力はわれわれが自分の有ることを通そうと力める力によっては規定できず、（第二部命題一六で示されたとおり）必然のこととして、われわれの力と較べ合されたそとの原因の力によって規定されるはずである。論証以上。

命題六

或る受動、言いかえるなら感情の勢いは、人間のそのほかの能動、言いかえるなら力を越えることができ、こうして感情は人にしつこくまつわり着く。

論証

どんな受動でもその勢いと高まり、そしてそれが実在することを通す粘りは、われわれの力と較べ合されたそとの原因の力によって規定される（前の命題より）。よって（この部の命題三より）それは人間の力を越えることができ云々。論証以上。

命題七

抑えられるべき感情と反対の、それよりも強い感情によらなければ、感情は抑えることも除くことも叶わない。

論証

精神のものとされるかぎりでの感情とは、精神が以前よりも大きい、あるいは小さい、おのれの体の実在する勢いを肯定する観念である（第三部の終りのほうに見出される感情の一般的定義*より）。そうすると、精神が何らかの感情に揺すぶられるときには、同時に体はそのはたらく力を増すか減じるかする変容に触発される。

加えて、体のこの変容は（この部の命題五より）それの有ることを通す勢いをその原因から受けとる。これにより、この変容は、体を（第三部命題五より）この変容と反対の、（この部の公理(3)より）それよりも強い変容によって触発するような、物体の性質を帯びた原因によってでなければ（第二部命題六より）、抑えられることも除かれることもできない。そうして（第二部命題一二より）精神は初めの変容よりも強い、反対の変容の観念によって触発され、つまりは（感情の一般的定義*より）精神は初めの感情よりも強い、反対の感情によって触発されることになって、その感情は当然初めの感情の実在を締め出し、除くことになる。このようにして感情は、反対の、もっと強い感情によらなければ、除かれることも抑えられることも叶わない。論証以上。

系

精神のものとされるかぎりでの感情は、われわれがはたらきを被る変容と反対の、それよりも強い、体の変容の観念によらなければ、抑えられることも除かれることもできない。なぜなら、われわれがはたらきを被る感情は、当のそれよりも強い、それと反対の感情によらなければ抑えられることも除かれることもできず（前の命題より）、つまりは（感情の一般的定義*より）われわれがはたらきを被る変容よりも強い、それと反対の、体の変容の観念によらなければ、抑えられることも除かれることもできないからである。

命題八

善さと悪さの認識は、われわれがそれの意識を抱くかぎりでの喜びあるいは悲しみの感情よりほかの何ものでもない。

論証

われわれが善さまたは悪さと呼ぶのは、われわれの有ることを保つのに、ためになるものか、あるいは邪魔になるものであり（この部の定義一と二より）、つまり（第三部命題七より）われわれのはたらく力を増すか減じるか、促すか抑えるかするものである。こうして（喜びと悲しみの定義より——第三部命題一一備考を見よ）何らかの物がわれわれを喜びか悲しみかで触発するのを覚知するかぎりで、そのものをわれわれは「善い」または「悪い」と呼ぶ。したがって、善さと悪さの認識は、喜びか悲しみかの観念にほかならず、この観念は喜びか悲しみの感情そのものから必然に出てくる（第二部命題二二より）。

ところがこの観念は、精神が体と結ばれているのと同じしかたで感情と結ばれている（第二部命題二一より）。つまり（同じ命題の備考で示されたとおり）この観念は感情そのものから、言いかえるなら（感情の一般的定義＊より）体の変容の観念から、じつはただ思念によってしか区別されない。ゆえに善さと悪さのこの認識は、われわれがそれの意識を抱くかぎりでの感情そのものよりほかの何ものでもない。論証以上。

〔第四部以下省略(4)〕

第五部　知性の力、あるいは人間の自由について

＊を印した指示箇所は本訳書で省略された部分

序言

とうとうわたしは、「自由」へと導くやりかた、言いかえるなら道にかかわる倫理学《エチカ》の最後の部に移る。であるから、この部でわたしは理性の力について論じることになる。その理性には感情へ向ってどんなことができるのか、それから、精神の自由、言いかえるなら至福とはどんなものであるのか、を示すことによってである。こうしたことからわれわれは知者が無知な者よりもどれだけすぐれて力があるかということを見てとることになる。

一方、どのようにして、またどんな道で知性は完成されなければならないかということ、それから体がその役目をきちんと果しうるように、どんな技で体の面倒をみるべきかということはここでは扱われない。あとのほうは医学、まえのほうは論理学に通じるからである。

それでここでは、言ったように、ただ精神の、言いかえるなら理性の力についてわたしは論じることになり、何よりもまず、理性がどれだけの、またどんな類いの支配力をもろもろの感情に対して、それらを抑え、宥《なだ》めるためにそなえるのかということを示そう。というのも、われわれが感情に対して絶対の支配力をもたないことは、もうまえに論証済みだからである。そうはいってもストア派の人たちはわれわれの意志に無条件に依存し、われわれが感情を絶対に支配できると考えた。しかしながら経験の抗議がやかましかったので、自分たちの原理によることなく、並大抵ではない練習と集中とが、感情を抑え、宥めるためには求められるということを認めざるをえなくなった。このことを（わたしの覚えがただしければ）片方は家庭犬、もう片方は猟犬という、二匹の犬の例で示そうと力めた人もいる。すなわち訓練によってとうとう、家庭犬が猟をし、逆に猟犬が兎を追うのを控えることに慣れるように仕向けられたからというのである。

　デカルトはこの意見に少なからず傾いている。なぜならこういうふうに想定したからである。霊魂、言いかえると精神は脳のなにがしかの部分と特に結び合されている。それは松果腺と言われるものである。その援けをかりて精神は、体のうちに呼び起されるすべての運動とそとの対象とを感じとり、その腺を精神は意欲することだけでさまざまに動かすことができる。この腺は脳の真ん中に懸っているために、動物精気のほんの微かな運動によって動かされうるという見解がとられた[1]。それからこうも主張した。この腺は、動物精気がそれに突き当るしかたがさまざまである分、脳の真ん中に懸っているしかたもさまざまになる。加えて、その動物精気を腺のほうへと進ませるそとの対象がさまざまである分、そこに刻まれる跡はさまざまである。(2) そこから生じるのは、もし腺を異なったように動かす心の意志によって、あとになって腺が停め置かれるしかたが、あれこれのしかたで揺り動かされた精気によって一度停められたのと同じであるならば、そのとき腺のほうも動物精気そのものを、まえに精気が腺の似通った停まりによって押し返されたのと同じしかたで押しやり、決定するであろうということである。

加えてデカルトは、精神の意志の一つ一つは自然の性によって腺の或るきまったなにがしかの運動と結ばれているという見解に立った。例として、だれかが遠く離れた対象を見つめる意志を抱くならば、この意志は瞳孔を拡大させることになる。けれども、瞳孔を拡げることだけを思っても、その意志をもつことは何の役にも立たない。それは自然が、瞳孔を拡大するか収縮するのに適ったしかたで視神経に向って精気を駆り立てる用をなす腺の運動を、瞳孔を拡げるか収縮させる意志にではなく、まさしく遠く離れた対象か近くにある対象を見つめる意志とつなぎ合せたからなのである。(3)

おしまいにその見解によれば、この腺の運動一つ一つは自然の性によって、われわれの生れた初めから個別の思いと結びつけられたように見えるとはいえ、それでも習慣を通して別の思いとつなぎ合されることも可能であり、そのことを「情念論」第一部五〇節で証明しようと力めている。

こうした想定からデカルトは、しかるべく指導をされるときに、おのれのもろもろの情念に対して無条件の能力を手に入れられないほど懦弱《だじゃく》な心というものはないと結論づけた(4)。何となれば情念とは、デカルトの定義にしたがえば、「覚知、または感じとり、または心の情動であり、種別としては心のものとされ、それは（よく注意）精気の何らかの運動を通して産み出され、保たれ、また強められる」（「情念論」第一部二七節）ものだからである。ところが、われわれは何であれ望みの意志に腺の、したがって精気の、どんな運動でもつなぎ合せられる。また意志の決定はわれわれの能力のみにかかっている。であるから、そうすると、もしわれわれが生きていくうえでの行いを導こうと志すのに則《のり》となる確実で堅固な判断によって、みずからの意志を決定し、もとうと志すもろもろの情念の動きをこうした判断とつなぎ合せるとすれば、われわれは自分の情念に対して絶対の支配力を手にすることになるだろう。

以上がこの令名赫々たる人士の考え（かれの言葉からわたしが推し量るところでは）であるが、鋭いところがもっと少なかったとしたら、あれほどの人によって言葉に出されたとはまず信じなかったであろう。まったくわたしにはいくらびっくりしてもびっくりし足りない。それじたいで知られた原理からでなければ何も導き出さず、また明晰判明に覚知するもの以外は何も肯定しないと固く決めた哲学者たる人、また機会あるごとにスコラの学者に対して、隠れた性質によって(5)暗いものごとを説明しようと志した廉《かど》で咎めたその人が、どんな隠れた性質よりもさらに隠れた仮説をわが物とするとは。

訊《き》きたいが、精神と体が一つに結ばれているということで、どんなことを解っているのか。言わせてもらうと、量〔的な広がり〕のなにがしかの小部分とごく密に結ばれている思いについてどんな明晰で判明な思念をもつというのか。この結合をその最近原因を通して説明してもらいたかったと、どうしたって思ってしまう。けれどもこの人は精神が体から区別されていると念うあまり、この結合についても精神そのものについても単独の原因を何ら挙げることができなかった。かえって、全宇宙の原因へ、つまりは神へ引き返す必要がこの人にはあったのである。

それからぜひ知りたいのだが、どれほどの運動を精神はその松果腺に渡すことができ、どれくらいの勢いで腺を停めておけるのか。じっさい、この腺が精神によって向きを回されるのは、動物精気によるときよりも遅いのかあるいは速いのか、また、われわれが堅固な判断と密につなぎ合せた情念の動きが、物体の性質を帯びた原因によって、ふたたびそうした判断から離されることがありえないのか、どちらもわたしは知らないからである。ここから、精神が気持を固めて危険に立ち向おうとし、この決心に度胸の動きをつなぎ合せたとしても、(6)いざ危険を目にしたら、腺は、精神が逃げることしか考えられないように停め置かれるというなりゆきもあるだろう。どうしたって、意志と運動とに理路は何も与えられないので、精神と体との力、言いかえるなら勢いのあいだにもまた較べられるものが何も与えられず、その結果として、体の勢いはけっして精神の勢いによっては決められないわけである。

これにつけ加えてもいい。この腺はそんなにたやすく、またたくさんのしかたで向きを回されうるように、脳の真ん中に座を占めているのが見出されることはないし、また、神経がすべて脳の孔まで伸びているわけではない(7)。

おしまいに、デカルトが意志とその自由をめぐって支持することは、偽であることをわたしは十分を超えてそれ以上に示してあるから、いっさい省く。

さて要するに、精神の力とは、まえに示したとおり、知性のいとなみのみによって規定されるから、感情に対する薬となるもの(8)をわれわれは精神がもつ認識だけによって決定することになる。この薬はみながきっと経験して確かめているのだが、精確に観察したり判明に見てとったりしていないだけなのだと思う。そしてその認識からわれわれは、精神の至福に通じるすべてを導き出すであろう。

公理

一　もし同じ主体のうちに反対の二つの行いが起されるとすれば、それらが反対であることをやめるまでは、その両方かあるいは一方だけのうちに必ず変化が生じるはずであろう。

二　結果の力は、それの有りかたがその原因の有りかたを通して説明されるか、あるいは規定されるかぎり、その原因の力によって規定される。

この公理は第三部命題七から明白。

命題一

思いと物の観念が精神のうちで順序づけられ、鎖のように連ねられるのに応じて、体のもろもろの変容、言いかえるなら物の像が体のうちで一線に順序づけられ、鎖のように連ねられる。

論証

観念の順序とつながりは物の順序とつながりと同じであり（第二部命題七より）、また逆に、物の順序とつながりは（第二部命題六系と命題七より）観念の順序とつながりと同じである。だから、観念の順序とつながりが体のもろもろの変容の順序と連鎖に合せて精神のうちに生じるように（第二部命題一八より）、また逆に（第三部命題二より）体の変容の順序とつながりが生じるのは、思いとそして物の観念が精神のうちで順序づけられ、鎖のように連ねられるのに応じてである。論証以上。

命題二

もし気持の情動、言いかえるなら感情をわれわれがそとの原因の思いから遠ざけて、別の思いとつなぎ合せるならば、そのときその原因へ向けられる愛あるいは憎しみは、こうした感情から起る気持の揺れ動きがそうであるように、破壊されるであろう。

論証

というのは、愛あるいは憎しみの形相をつくり成すものは、その原因の観念を随《したが》えた喜びあるいは悲しみであり（感情の定義六*と七*より〔第三部命題一三備考参照〕）、こういうしだいでこの原因が除かれると、愛あるいは憎しみの形相も一緒に除かれ、よって、これらの感情とそこから起る感情は破壊されるからである。論証以上。

命題三

受動である感情は、われわれがそれの明晰判明な観念を形づくるとすぐ、受動であることをやめる。

論証

受動である感情は混乱した観念である（感情の一般的定義*より）。そこでもしわれわれがその感情の明晰判明な観念を形づくるならば、この観念は、精神だけのものとされるかぎりでのその感情から理屈によってしか区別されないであろう（第二部命題二一とその備考より）。よって（第三部命題三より）その感情は受動であることをやめる。論証以上。

系

こういうしだいで感情は、われわれに識られることが増せば、それだけいっそうわれわれの能力のうちに在り、また精神はそれからはたらきを受けることが少ない。

命題四

体の変容で、それの何らかの明晰判明な思念をわれわれが形づくれないものは何もない。

論証

すべてに共通であるものは、十全にしか念われることができない（第二部命題三八より）。よって（第二部命題一二と、命題一三備考のあとにある補題二より）体の変容で、それの何らかの明晰判明な思念をわれわれが形づくれないものは何もない。論証以上。

系

ここから、感情で、それの何らかの明晰判明な思念をわれわれが形づくれないものは何もないということが出てくる。なぜなら感情は体の変容の観念であり（感情の一般的定義*より）、そのために（前の命題より）何らかの明晰判明な思念を伴うはずだからである。

備考

何らかの結果が出てこないものは何も与えられず（第一部命題三六より）、またわれわれのうちで十全である観念から出てくるものは何であれ、そのいっさいをわれわれは明晰判明に解るのであるから（第二部命題四〇より）、ここから、一人一人が自分と自分のもろもろの感情とを、たとい絶対にではなくても、少なくとも部分的には明晰判明に解って、その結果それらからはたらきを受けることを少なくする能力をそなえるということが出てくる。

そうすると何よりも労力をかけられるべきことは、めいめいが感情をできるかぎり明晰判明に認識し、そういうふうに明晰判明に覚知するものを思うことへ精神が感情から決定され、そうしたものにすっかり落ち着くこと、こうして、感情そのものがそとの原因への思いから隔てられ、真の思いとつなぎ合されることとである。そこからはたんに愛や憎しみなどが破壊されるだけではなく（この部の命題二より）、そうした感情から起るのが常である衝動ないしは慾望が行き過ぎになりえない（第四部命題六一*より）ということも生じる。

なぜかといえば、人がはたらきを行うと言われる場合と、はたらきを受けると言われる場合とで、そのゆえんとなる衝動は一つの同じものであることにとりわけ注意すべきだからである。たとえば、われわれが示したところでは、人間の自然の性は、めいめい、ほかの者の生きかたを自分の素質にしたがわせることを欲するようなぐあいに出来ている（第三部命題三一備考*を見よ）。この欲求衝動は、理性によって導かれない人にあってはなるほど「野心」と呼ばれる受動の情念であり、思い上りとたいして違わない。が、それと逆に理性の指図に合せて生きる人にあっては能動のはたらき、言いかえると器量であり、「親切心」の名で呼ばれる（第四部命題三七備考一*と同じ命題の二番目の論証を見よ）。*このように、すべての衝動ないし欲望は、ただ不十全な観念から起るかぎりでのみ、受動の情念である。そうして十全な観念によって呼び起され、あるいは生成させられるときには、それらは器量に算え上げられる。じっさい、何かを行うことへわれわれを決定づけるいっさいの欲望は、不十全な観念によるのと同じくらい十全な観念によっても起ることができるからである（第四部命題五九を見よ）。*

そして、（脇に逸れた前の所に還ると）感情に対する薬、それは感情を真に認識することに存する。われわれの能力にかかっていることで、この薬よりも上を行くものをほかに何も考えつくことができないのは、さきにわれわれが示したとおり（第三部命題三より）、精神の力としては、思うこと、また十全な観念をつくることよりほかには何も与えられないからである。

命題五

われわれが単純に思い描いて、必然、可能、偶然のいずれとも思い描かない物への感情は、ほかのところが同等ならば、すべてのうちで最大である。

論証

自由であるとわれわれが思い描く物へ向けられる感情は、必然であると思い描く物へ向けられる感情よりも大きく（第三部命題四九より）*、その結果、可能または偶然と思い描くものへ向けられる感情よりもなおいっそう大きい（第四部命題一一より）*。ところが、或る物を自由であると思い描くとは、そのものがはたらきを行うことへ決定された原因もろもろをわれわれが知らないでいるあいだ、物を単純に思い描いているということ以外ではありえない（第二部命題三五備考でわれわれが示したことにより）。ゆえに、われわれが単純に思い描く物へ向けられる感情は、必然、可能、あるいは偶然と思い描く物へ向けられる感情よりも、ほかのところが同等ならば大きく、その結果最大である。論証以上。

命題六

精神はあらゆる物を必然のものと解るかぎり、感情に対していっそう大きな力をそなえ、言いかえるなら感情からはたらきを受けることがいっそう少ない。

論証

精神は、すべての物が必然であり（第一部命題二九より）、（第一部命題二八より）もろもろの原因の無限なつらなりによって実在し為事をすることへ決定されているということを解る。よって、（前の命題より）そのかぎりで精神は、そうしたものごとから発する感情によってはたらきを被ることをいっそう少なくし、また（第三部命題四八より）*そうした物へ向って触発されることをいっそう少なくする。論証以上。

備考

物が必然であるというこの認識が、もっと判明にまたいっそうまざまざとわれわれの思い描く個物をめぐって多く向けられると、感情に対する精神のこの力もそれだけいっそう大きい。経験そのものもそれを証《あかし》する。じっさい、失われた何らか善いものにかかわる悲しみは、それをなくした人がその善いものはどういうふうにしてもとどめておけなかったと考えるやいなや和らげられるのをわれわれは見てとるからである。同じようにまた、われわれが見るところでは、乳呑み児が話し、歩き、推論するすべを知らないということのために、また、それから幾年もいわば自分のことを意識しないまま生きるということをもって、かわいそうに思う者はだれもいない。ところが、もし大多数が成人として生れ、乳呑み児として生れるのは一、二であるとしたら、その場合はめいめいが乳呑み児をかわいそうに思うであろう。それはこの場合、幼年期というものを自然の必然のものごとではなく、自然の欠陥、言いかえれば過ちと考えるからである。このやりかたでほかの多くのことをわれわれは指摘できるであろう。

命題七

理性から起る、あるいは呼び起されるもろもろの感情は、時間の点が考慮されるならば、そこにないものとしてわれわれが観ずる個物のせいとされる感情よりも力強い。

論証

われわれが何らかの物をそこにないものとして観ずるのは、そのものを思い描く際の感情からではない。それは、当の物の実在を締め出す別の感情によって体が触発されることからである（第二部命題一七より）。だから、そこにないものとしてわれわれが観ずる物のせいとされる感情は、人間のそのほかの行いや力を越えるような性質のものではなく（こうしたことについては第四部命題六を見よ）、むしろ、そのそとの原因の実在を締め出すような諸変容によって何らかのしかたで抑えられうる性質のものである（第四部命題九より）。ところが理性から起る感情は必ず物の共通の特性と関係し（第二部命題四〇備考二にある理知の定義を見よ）、この特性をいつもまえに在るようにわれわれは観想し（まえに在るそれらの実在を締め出すものは何も与えられえないから）、またいつも同じしかたで思い描く(9)（第二部命題三八より）。だから、そうした感情はいつでも同じもののままである。その結果（この部の公理一より）それと対立する感情で、そとにあるおのれの諸原因から助力で支えられないもろもろの感情は、もはや対立しなくなるまで、しだいにそれにみずからを順応させるはずであり、このかぎりで、理性から起る感情はいっそう力がある。論証以上。

命題八

何らかの感情が、一緒にはたらいている数多くの原因によって呼び起されるほど、それだけいっそうその感情は大きい。

論証

原因は数が多ければ、少ない場合に較べて、一緒に多くのことをなしうる（第三部命題七より）。よって（第四部命題五より）何らかの感情が、一緒に数多くの原因によって呼び起されるほど、それだけいっそうその感情は強い。論証以上。

備考

この命題はこの部の公理二からも明白。

命題九

感情が数多くの、さまざまの原因と関係し、それらの原因を精神が当の感情と一緒に眺める場合、そうした感情は、関係する原因が一つだけだったりわずかだったりする、大きさの等しい別の感情と較べて、有害ではなく、それを通してわれわれがはたらきを受けることが少なく、また原因一つ一つに対してわれわれが触発を受けることは少ない。

論証

感情は、精神が思ういとなみができないようにそれによって邪魔されるかぎりでのみ悪い、言いかえるなら有害である（第四部命題二六*と二七*より）。よって、数多くの対象を同時に眺めるように精神を決定するような感情は、大きさの等しい別の感情が精神を一つかまたはわずかな数の対象を眺めることだけに引きとめて、ほかのもののことを思えなくする場合と較べると、有害ではない。これが第一の点だった。

次に、精神の有りかた、つまり（第三部命題七より）力とは、思うことだけに存するから（第二部命題一一より）、まさに精神は、数多くのものを同時に眺めるように感情によって決定される場合、その感情を通しては、大きさの等しい感情が精神を一つかまたはわずかな数の対象を眺めることだけで一杯にする場合と較べて、はたらきを被ることが少ない。これが二番目の点であった。

おしまいにこの感情は（第三部命題四八*より）数多くのそとの原因と関係しているかぎり、その一つ一つに対してもやはり小さい。論証以上。

命題一〇

われわれは自分の自然の性と反対である感情によって揺すぶられないあいだは、体のもろもろの変容を知性に適った順序にしたがって順序づけ、鎖のように連ねる能力をそなえる。

論証

われわれの自然の性と反対である感情、つまり（第四部命題三〇より）*悪い感情は、精神が解ることを邪魔するかぎりで、悪い（第四部命題二七より）*。したがって、われわれが自分の自然の性と反対である感情によって揺すぶられないあいだは、ものごとを解ろうと力める精神の力（第四部命題二六より）*は礙《さまた》げられず、そうしてそのあいだ精神は明晰で判明な観念を形づくって、観念を観念から導き出す能力をもつ（第二部命題四〇備考二と命題四七備考を見よ）。その結果（この部の命題一より）われわれはそのあいだ体のもろもろの変容を知性に適った順序にしたがって順序づけ、鎖のように連ねる能力をそなえる。論証以上。

備考

体のもろもろの変容をきちんと順序づけ、鎖のように連ねるこの能力によって、われわれは悪い感情からたやすくは刺戟を受けないようにすることができる。なぜならば（この部の命題七より）知性に適った順序にしたがって順序づけられ、鎖のように連ねられた諸感情を抑えるには、不確かで行き当りばったりの感情を抑えるよりも大きなちからが必要とされるからである。したがって、われわれが自分の感情について完全な認識をもたないあいだに実行できるもっとも善いことは、ただしい生活術、言いかえるなら人生の確かな原則を念い、それらを記憶し、人生でしばしば出会う特殊の事例にたえずあてはめ、そのようにしてわれわれの想像力が広い範囲でそうした原則によって触発を受け、それらがいつもわれわれの手許に用意されているようにすることである。

例を挙げると、憎しみは愛あるいは寛大さで克たれるべきであって、憎しみを返すことによって埋合せをされるべきではないということをわれわれは人生の原則に据えた（第四部命題四六*とその備考*を見よ）。だが理性によるこの戒律が、役に立つかもしれないときにいつもわれわれの手許に置かれるためには、人にめずらしくない不法な侵害のことを思い、それを度重ねてじっくり吟味するとともに、寛大さによってそれがもっともよく退けられるのはどのようにしてで、またどんな道によるのかということを省察すべきである。というのもこのようにしてわれわれは不法な侵害の像をこの原則を思い浮べることにつなぎ合せ、（第二部命題一八より）われわれに対して侵害がもたらされるときに、この原則がいつもわれわれの手許に用意されることになるからである。それだけでなく、もしわれわれが自分にとってのほんとうの有益、またたがいの友愛と共同の世の結びつきから出てくる善も見積る観点を手許に置くならば、加えて、ただしい生活術から心のこの上なく充された静止が起るということ（第四部命題五二*より）、人間はほかのものどもと同じように自然の性の必然から振舞うことを考慮に置くならば、そのときには不法な侵害あるいはそこからよく起る憎しみは思い描かれているもののごく小さな部分を占めることになって、たやすく乗り越えられることになる。あるいはこういうこともあるかもしれない。習いとして最大級の侵害から起る怒りはそれほど簡単には乗り越えられないとしても、それでも、この部の命題六と七と八とから明白なように、こうしたことをあらかじめじっくり吟味しなかった場合と較べれば、心の揺れ動きがなくてはすまないだろうが、はるかにわずかな時間で乗り越えられることになる。

恐れを払いのけるために、同じしかたで勇敢さについて思いをめぐらすべきである。ということは、生きていく中でよく出会う危機を算え上げ、かつ度重ねて思い描いて、そうしたことが心の据わっていることと勁《つよ》さとによってもっともうまく避けられ、乗り越えられうるのはどのようにしてかということを思い描くべきである。

けれども注記すべきことがある。われわれの抱く思いと像とを順序づける際には、一つ一つの物にあって善いことどもにいつも目を注ぐべきである。これはそのようにして、われわれがつねに喜びの感情から行うことに決定されるためである（第四部命題六三系*と第三部命題五九*より）。譬えを挙げると、もしも自分が度を越して栄誉を求めていることを見てとるならば、その人は栄誉のただしい用いかたや、どんな目的のために栄誉は追求されるべきなのか、またどんな手立てで獲得されうるのかといったことを思うがいい。だが栄誉の濫《みだ》りであることや虚栄、人びとの移ろいやすさ、あるいはほかのこうした類いのことは思わないほうがいい。こういうことは病んだ心からでなければだれも思わない。じっさいこの上なく野心の虜となっている者は、請い求める名誉を得ることに絶望するとき、そうした思いの数々でみずからをこの上なく苛むからである。そして、怒りの言葉を吐きながら、賢い者に見られたいと思うのである。であるから、栄誉の濫りがましさや世の空しさについてもっとも叫ぶ者がもっとも栄誉を望んでいるのは確かなことである。

だがこれは野心家に特有のことではなく、運に背を向けられ、心はひ弱な者すべてに共通することである。というのも貧しいうえに強欲な者は金銭の悪弊や富者の諸悪について語ることをやめないが、それで生ぜしめていることといえば、みずからを苛み、自分の貧しさのみならず他人びとの富もまた心穏やかに堪え忍べずにいるのを人に示しているにほかならないからである。同じようにまた、思いを寄せる女から手ひどく迎えられた者も、女性の変りやすさや平気でたぶらかす性根、そのほか繰り返し歌われてきたような女性のもろもろの悪徳のことのみを思うものだが、またその女から受け容れられるやいなや、すぐにそうしたいっさいを忘れ去ってしまうのである(10)。

そこで、おのれの感情と衝動を自由への愛だけにもとづいて宥めることに専念する者は、できるだけもろもろの器量とそれを生む原因とを識り、それらを真に認識することから起る歓びで心を充すことに励むことになる。翻って、人間の悪徳を眺め遣ったり、人びとをけなして貶《おとし》めたり、自由を気取って嬉しがったりすることにはけっして精を出さないであろう。そして、いま言ったきまりを真剣に観察し（むずかしいことではないから）、実践する者はきっと短い時間のうちに自分の行いの大抵を理性の支配に合せて監督できることになろう。

命題一一

或る像の関係する物が数多いほど、像はそれだけ度《たび》を重ね、言いかえるといっそう頻りに蘇り、精神をそれだけ大きく占める。

論証

というのは、像あるいは感情の関係する物が数多いほど、それだけそれをよび覚まし、助力で支えうる原因が数多く与えられ、この原因すべてを精神は（仮定により）その感情にしたがって一緒に眺めるからである。したがって感情はそれだけ度を重ね、言いかえるといっそう頻りに蘇り、（この部の命題八より）精神をそれだけ大きく占める。論証以上。

命題一二

物の像は、われわれが明晰判明に解る物と関係する像に対しては、他の像に較べていっそうたやすくつなぎ合される。

論証

われわれが明晰判明に解る物は、物の共通の特性であるか、もしくはそれらから引き出される特性であり〔第二部命題四〇備考二にある理知の定義を見よ〕、その結果〔前の命題より〕いっそう頻りにわれわれのうちによび覚まされる。よって、これらと一緒にわれわれが別の物を眺めることは、ほかのものとに較べるといっそうたやすくなされうる。結果として〔第二部命題一八より〕〔物の像は〕ほかのものよりもこれらといっそうたやすくつなぎ合されるということが生じる。論証以上。

命題一三

或る像がつなぎ合されている別のものが数多いほど、それだけ像はいっそう頻りに蘇る。

論証

なぜなら、或る像がつなぎ合されている別のものが数多いほど、〔第二部命題一八より〕それだけよび覚ましうる原因が数多く与えられるからである。論証以上。

命題一四

精神は体のすべての変容、言いかえると物の像が神の観念と関係をもつようにできる。

論証

体の変容で、それの何らかの明晰判明な思念を精神がつくれないものは何もない（この部の命題四より）。したがって精神は（第一部命題一五より）すべてが神の観念と関係をもつようにできる。論証以上。

命題一五

自分と自分の感情とを明晰かつ判明に解る者は神を愛し、また自分と自分の感情とを解ることが多いほどそれだけいっそう愛する。

論証

自分と自分の感情とを明晰かつ判明に解る者は喜び（第三部命題五三より）*、そのことは神の観念を随えている（前の命題より）。こうして（感情の定義六より）*その者は神を愛し、（同じ理屈により）自分と自分の感情とを解ることが多いほどそれだけいっそう愛する。論証以上。

命題一六

神へ向けられるこの愛は精神をそれ以上ないほどに占めるはずである。

論証

というのは、この愛は体のすべての変容とつなぎ合されていて（この部の命題一四より）、そのすべての助力によって支えられているからである（この部の命題一五より）。だから（この部の命題一一より）精神をそれ以上ないほどに占めるはずである。論証以上。

命題一七

神は受動の情念をもたず、またどんな喜びまたは悲しみの感情によっても触発されない。

論証

観念はすべて、神のものとされるかぎり、真であり（第二部命題三二より）、つまり（第二部定義四より）十全である。したがって（感情の一般的定義*より）神は受動の情念をもたない。それから神はもっと大きな完全さへ移ることももっと小さな完全さへ移ることもありえない（第一部命題二〇系二より）。よって（感情の定義二*と三*より〔第三部命題一一備考参照〕）どんな喜びの感情によっても悲しみの感情によっても触発されない。論証以上。

系

神は、適切な語りかたをするなら、だれをも愛することがないし、またどだれに対しても憎しみを抱かない。なぜなら神は（前の命題より）どんな喜びの感情によっても悲しみの感情によっても触発されず、その結果（感情の定義六*と七*より）神はだれのことも愛しもしなければ、また憎しみも抱かないからである。

命題一八

だれも神に憎しみを抱くことはできない。

論証

われわれのうちに在る神の観念は十全であり、かつ完全である（第二部命題四六と命題四七より）。よってわれわれは神を観想するかぎり、そのかぎりではたらきを行う（第三部命題三より）。結果として（第三部命題五九*より）神の観念を随えた悲しみは何も与えられないわけで、つまり（感情の定義七*より）だれも神に憎しみを抱くことはできない。論証以上。

系

神への愛は憎しみに転じえない。

備考

ところが、次のような反論がなされうる。われわれは神をすべての物の原因と解るかぎりは、まさしくそのことによって神を悲しみの原因とみなしている、と。けれどもこの反論にわたしはこう答える。われわれが悲しみの諸原因を解るかぎり、そのかぎりで（この部の命題三より）それは受動であることをやめる。つまり（第三部命題五九*より）そのかぎりで悲しみであることをやめる。だから、神が悲しみの原因であると解るかぎり、そのかぎりでわれわれは喜ぶ。

命題一九

神を愛する者は、神が自分を逆に愛するように力めることができない。

論証

もし人がそのことに力めるとしたら、まさに（この部の命題一七系より）自分の愛する神が神ではないことを望むことになり、結果として（第三部命題一九より*）悲しみの気持に沈むのを望んでいることになるが、それは（第三部命題二八より*）理に反する。ゆえに、神を愛する者は云々。論証以上。

命題二〇

神へのこの愛は、羨みの感情によっても嫉妬の感情によってもよごされることがありえない。かえってこの愛の同じ絆で神とつなぎ合されているとわれわれの思い描く人の数が多いほど、それだけいっそう愛は助力で支えられる。

論証

神へのこの愛は、理性の指図に合せてわれわれが欲することのできる最高に善いものであって（第四部命題二八より*）、人みなに共通であり（第四部命題三六より*）、われわれはみながそれを享受することを望む（第四部命題三七*より）。したがってそれは（感情の定義二三*より）羨みの感情によって染みをつけられることがありえないし、また（この部の命題一八と嫉妬の定義より――これは第三部命題三五備考*を見よ）嫉妬の感情によっても同じである。かえって逆に、この愛を享受するとわれわれの思い描く人の数が多いほど、それだけいっそうそれは助力で支えられるはずである。論証以上。

備考

　同じこのやりかたでわれわれは、この愛にじかに対立してこの愛そのものをそこなえるような感情は何も与えられないことを示せる。そうしてわれわれは結論を下せるが、神へ向けられるこの愛はあらゆる感情の中でいちばん安定しているもので、体と関係するところでは、体そのものとともにでなければそこなわれることがありえない。他方、精神だけのものとされるかぎりで、どんな自然の性のものかということはあとで見ることにしよう。

　してみると、以上でもってわたしは、感情に対する薬となるものすべてを、言いかえるなら精神それだけを考察して、それが感情に対峙してなしうるいっさいを縒《よ》り合せた。それにしたがい感情に対する精神の力が次の諸点に存することが見えてくる。

　一、もろもろの感情の認識そのものに（この部の命題四備考を見よ）。

　二、混乱させてわれわれが思い描くそとの原因への思いから感情を隔てるということに（同じくこの部の命題四備考とともに命題二を見よ）。

三、われわれが解る物と関係をもつ変容が、混乱して、言いかえると切れ切れにわれわれが念う物のせいとされる変容を越える、時ということに（この部の命題七を見よ）。

四、物の共通の特性、あるいは神と関係をもつ諸変容は、それを助力で支える原因が多数であることに（この部の命題九と一一を見よ）。

五、おしまいに、精神がおのれの諸感情を順序づけ、たがいに鎖のように連ねることができるその順序に（この部の命題一〇備考と、さらに加えて命題一二、一三、一四を見よ）。

けれども感情に対する精神のこの力がもっとよく解るように、まず指摘しておかなければならないのは次のことで、感情をわれわれが「大きい」と称するのは、一人の人間の感情をもう一人の者の感情と較べ合せ、同じ感情に或る者が別の者よりも大きく揺すぶられるのをわれわれが見てとる場合か、それとも、同じ一人の人間がもつ感情をたがいに較べて、その者が或る感情によって別の感情によるよりも大きく触発される、言いかえると動かされるのを発見する場合である。じっさい（第四部命題五より）どんな感情でも、その勢いは、われわれの力と較べ合されたそとの原因の力によって定められるからである。ところが精神の力を定めるのは認識のはたらきだけであり、その無力、言いかえると受動のほうは認識の奪われだけによって、つまり観念を不十全と言わしめるものによって評定される。そこから出てくることだが、精神のもっとも大きな部分を不十全な観念がつくり成して、はたらきをなすものよりもはたらきを受けるものによっていっそう見分けられるような精神はこの上なくはたらきを受ける。反対に、そのもっとも大きな部分を十全な観念がつくり成して、たといいま言ったこの上なくはたらきを受ける精神と同じほどの不十全な観念がその中に含まれるとしても、人間の無力をさらけ出す不十全な観念よりも人間の器量に帰せられる十全な観念によって見分けられるような精神はこの上なくはたらきをなすのである。

次に指摘しなければならないのは、心の病と運の薄さとは概ね、移り変りを多々免れず、われわれがけっして思いのままにできない物への度を越した愛がもとになっているということである。なぜなら、だれにしたって、自分の愛する物以外のことでは気を揉んだり、不安な思いに駆られたりすることもないからであるし、また不法な侵害、邪推、敵意などは、だれにもほんとうは所有の叶わない物へ向けられる愛から以外は起らないからである。

これらのことからしてわれわれには、明晰判明な認識、特に神の認識そのものが礎《いしずえ》である第三類の認識（これについては第二部命題四七備考を見よ）が感情に対してどんなことをできるかということを念うのがむずかしくない。ということは、それは受動である範囲の感情を根こそぎにして奪い去ってはくれないとしても（この部の命題三と併せて命題四備考を見よ）、少なくともそうした感情が精神の最小部分つくり成すようにする（この部の命題一四を見よ）。それからこの認識は不易で永遠な物へ向けられる愛をもたらすが（この部の命題一五を見よ）、われわれはその物にじじつ与《あずか》る（第二部命題四五を見よ）。そのためにこの愛は通常の愛に潜むどんな諸悪にもよごされることがありえず、かえってつねにますます大きくなっていくことができ（この部の命題一五より）、精神のこの上なく大きな部分を占め（この部の命題一六より）、広い範囲でそれを触発することができる。

さてこれでわたしは、この現在の生に通じる一切に締めくくりをつけた。じっさい、この備考の初めで言った、これらわずかな言葉でわたしが感情に対する薬となるもののすべてを包括したということは、この備考で言われたことや、それとともに、精神の定義、精神がもつ感情の諸定義、そしておしまいに第三部命題一と命題三とに注意を向ける者めいめいが、簡単に見てとれるであろう。するといまや体に対する関係を離れた精神の持続(11)に属することどもに移るときである。

命題二一

精神は体が持続しているあいだでなければ何も想像できないし、また過ぎ去った物を思い起すこともできない。

論証

精神は体が持続しているあいだでなければおのれの体の現実の実在を表現しないし、また体のもろもろの変容も現実のものとして念わない（第二部命題八系より）。結果として（第二部命題二六より）おのれの体が持続しているあいだでなければどんな物体も現実に実在しているものとして念わない。したがって、体が持続しているあいだでなければ何も想像できず（第二部命題一七備考にある「想像」の定義を見よ）、また過ぎ去った物を思い起すこともできない（第二部命題一八備考にある「記憶」の定義を見よ）。論証以上。

命題二二

それでも神のうちにはこの人間、あの人間の体の有りかたを永遠の相のもとに表す観念が必ず与えられている。

論証

神はただこの人間の体、あの人間の体の、実在の原因であるだけでなく、また有りかたの原因でもある（第一部命題二五より）。そのためにこれは必然のこととして神の有りかたそのものを通して念われるはずである（第一部公理四より）。かつそのことはなにがしかの永遠の必然によってであり（第一部命題一六より）、その念われた思念は少なくも必ず神のうちに与えられるはずである（第二部命題三より）。論証以上。

命題二三

人間の精神は体とともに絶対には破壊されえず、そのうちの何かが残り、それは永遠である。

論証

神のうちには人間の体の有りかたを表す思念、言いかえると観念が必ず与えられており（前の命題より）、〔体を対象とする観念であるから〕そのために必然のこととしてそれは人間の精神の有りかたに属する何かである（第二部命題一三より）。けれどもわれわれは、人間の精神が、持続を通して説明されて時間によって限られうる体の現実の実在を表すかぎりでなければ、時間によって限られうる何らかの持続も精神に帰することがない。つまり（第二部命題八系より）、体が持続しているあいだでなければ、われわれは精神に持続を帰することがない〔が、いまの観念は体の有りかたの観念だから、その何かに持続を帰することはできない〕。だが、神の有りかたそのものを通してなにがしかの永遠の必然によって念われるものは〔持続というしかたで実在するものではないけれども〕それにもかかわらず〔無ではなく〕何かであるから〔前の命題より〕、精神の有りかたに属するこの何かは〔さきの永遠の必然にもとづき〕必然のこととして永遠であることになる。論証以上。(12)

備考

われわれが言ったように、体の有りかたを永遠の相のもとに表すこの観念は、思いの或るきまった様態であり、それは精神の有りかたに属し、かつ必然のこととして永遠である。だがまた、われわれが体よりも先に実在したことを思い起すことは生じえない。体のうちにそのことのどんな跡も与えられることがありえないからであり、また永遠というものが時間によって限られることができず、時間とは何の関係ももちえないからである。ところが、にもかかわらずわれわれは自分が永遠であることを感じ、かつ経験する。(13) なぜなら精神は解ることによって念うような物を、記憶のうちに抱く物に劣らず感じるからである。じっさい、物を見、観察する精神の目が論証そのものなのだから。このようにして、われわれは体よりも先に実在したことを思い起しはしないけれども、それでもわれわれは自分の精神が体の有りかたを永遠の相のもとに伴っているかぎりで永遠であることを感じるし、精神のこの実在が時間によって規定されることができず、言いかえるなら持続を通して説明されえないことを感じる。そうするとわれわれの精神は、体の現実の実在を伴っているかぎりでのみ、持続すると言われうるし、その実在は或るきまった時間によって規定されうる。またそのかぎりでのみ精神は物の実在を時間によって決定して、物を持続のもとで念う力をそなえる。

命題二四

われわれがもろもろの個物をいっそう解れば解るほど、われわれはそれだけいっそう神を解る。

論証

第一部命題二五系から明白。

命題二五

精神の最高の努力、そしてその最高の器量とは、物を第三類の認識によって解ることである。

論証

第三類の認識は神のなにがしかの属性の十全な観念から発して、諸物の有りかたの十全な認識へ進む（第二部命題四〇備考二にあるこの認識の定義を見よ）。そしてこのやりかたでわれわれが物を解れば解るほど、それだけいっそう（前の命題より）われわれは神を解る。ならば（第四部命題二八より）*精神の最高の器量、つまりは（第四部定義八より）精神の力あるいは自然の性、さらに言いかえると（第三部命題七より）最高の努力とは、物を第三類の認識によって解ることである。論証以上。

命題二六

精神は、ものごとを第三類の認識で解るのにいっそう向くほど、それだけいっそうほかならぬこの類の認識でものごとを解ることを望む。

論証

明白である。なぜならわれわれは、精神がものごとをこの類の認識で解ることに向いていると念うかぎり、精神がものごとをほかならぬこの類の認識で解ることへ決定づけられていると念うからであり、結果として（感情の定義一*より）精神はこのことにいっそう向くほど、それだけいっそうこのことを望む。論証以上。

命題二七

この第三類の認識からは、与えられうるこの上なく充された精神の静止が起る。

論証

精神のこの上ない器量とは神を認識することであり（第四部命題二八*より）、言いかえると、物を第三類の認識で解ることである（この部の命題二五より）。この器量はもちろん、精神がこの類の認識でものごとを多く認識すればするほど、それだけ大きい（この部の命題二四より）。よって、ものごとをこの類の認識によって認識する者は人間としてのこの上ない完全さへと移り行く。その結果（感情の定義二*より）この上ない喜びに触発され、そのことは（第二部命題四三より）自分と自分の器量の観念を随えている。ならば（感情の定義二五*より）この類の認識からは与えられうるこの上なく充された静止が起る。論証以上。

命題二八

ものごとを第三類の認識で認識する努力、言いかえると欲望は、第一類の認識からは起りえないが、第二類の認識からはたしかに起りうる。

論証

この命題はおのずと明白。なぜなら、われわれが明晰かつ判明に解るものは何であれ、それ自身を通してか、あるいはそれ自身を通して念われる別のものを通して、われわれは解るのだから。つまりわれわれのうちにあって明晰判明な観念、言いかえると第三類の認識と関係をもつ観念は（第二部命題四〇備考二を見よ）、第一類の認識と関係する（同じ備考より）切れ切れで混乱した観念からは出てきえず、十全な観念から、言いかえると（同じ備考より）第二類、第三類の認識から出てきうる。ならば（感情の定義一より*）ものごとを第三類の認識で認識する欲望は、第一類の認識からは起りえないが、第二類の認識からはたしかに起りうる。論証以上。

命題二九

精神が永遠の相のもとに解るものは何であれ、体のいままえに在る現実の実在を念うことから解るのではなく、体の有りかたを永遠の相のもとに念うことから解る。

論証

精神はおのれの体のいままえに在る実在を念うかぎり、そのかぎりでは時間によって決定されうる持続を念い、またそのかぎりではものごとを時間とつなげて念う力だけをもつ（この部の命題二一と第二部命題二六より）。ところが永遠は持続によって説明されることができない（第一部定義八とその説明より）。ゆえにそのかぎりでは精神は物を永遠の相のもとに念う能力をそなえない。けれども、物を永遠の相のもとに念うことは理性の自然の性に入っていて（第二部命題四四系二より）、精神の自然の性にはまた体の有りかたを永遠の相のもとに念うことも属する（この部の命題二三より）。そしてこの二通り以外に別の何も精神の有りかたには属しないから（第二部命題一三より）、ゆえに物を永遠の相のもとに念うこの力は、精神が体の有りかたを永遠の相のもとに念うかぎりでなければ、精神に属しない。論証以上。

備考

ものごとは二つのしかたでわれわれによって現実のものとして念われる。或るきまった時間と場所とつながって実在するとわれわれが念うかぎりで現実のものと念われるか、あるいは神のうちに含まれ、神の自然の性の必然から結果として出てくるとわれわれが念うかぎりで現実のものと念われる。ところでこの二番目のしかたで真である、言いかえるなら物としての性格をそなえていると念われるものをわれわれは永遠の相のもとに念い、それらの観念は、第二部命題四五で示したように、神の永遠かつ無限な有りかたを伴う。その命題の備考も見よ。

命題三〇

われわれの精神はみずからと体とを永遠の相のもとに認識するかぎり、神の認識を必ずもち、みずからが神のうちに在り、神を通して念われることを知る。

論証

永遠とは、神の有りかたが必然の実在を伴うかぎり、神の有りかたそのものである（第一部定義八より）。そうすると、物を永遠の相のもとに念うとは、それらが神の有りかたを通して物の性格をそなえた有るものとして念われるかぎり、言いかえるなら、それらが神の有りかたを通して実在を伴うかぎりで、物を念うことである。よって、われわれの精神はみずからと体とを永遠の相のもとに念うかぎり、神の認識を必ずもち、みずからが云々。論証以上。

命題三一

第三類の認識は、精神自身が永遠であるかぎりで、形相原因(14)に依存するかのように、精神にかかっている。

論証

精神は、おのれの体の有りかたを永遠の相のもとに念うかぎりでなければ（この部の命題二九より）、つまりは（この部の命題二一と二三より）みずから永遠であるかぎりでなければ、何も永遠の相のもとに念うことがない。よって（前の命題より）、精神は永遠であるかぎりで神の認識をもちあわせ、その認識はたしかに必ず十全である（第二部命題四六より）。ならば精神は、永遠であるかぎり、与えられた神のこの認識から結果として出てきうるようなすべてのものを認識することに向いている（第二部命題四〇より）。つまりものごとを第三類の認識で認識することに向いているのであり（第二部命題四〇備考二にあるこの認識の定義を見よ）、そのために精神は、永遠であるかぎりで、（第三部定義一より）この認識の十全な、言いかえるなら形相原因である。論証以上。

備考

すると、めいめいこの類の認識でたくさん進めていればいるほど、それだけ自己と神とを意識することを能《よ》くし、つまりそれだけいっそう完全で至福になる。それは先で述べられることからなおはっきりと明白になろう。

けれどもここで注意しておかなければならないことがある。なるほどいまやわれわれは、精神が物を永遠の相のもとに念うかぎりで永遠であるということについて確かである。にもかかわらずわれわれは、示そうとしていることがよりたやすく説明されて、いっそうよく解ってもらえるために、あたかも精神が在ることをいま開始し、ものごとを永遠の相のもとに解ることをいま開始したかのようにして、精神を考察するであろう。ここまで行ってきたとおりのやりかただが、それは、透明さを得た前提からでなければ何も結論しないという点に心を用いさえすれば、われわれには何ら誤りの危険なしに行えることである。

命題三二

われわれが第三類の認識で解るものは何であれ、それをわれわれはうれしく感じ、このことはたしかに神の観念を原因として随えている。

論証

この類の認識からは、与えられうるこの上なく充された精神の静止が（この部の命題二七より）、つまり（感情の定義二五より）*喜びが起り、その喜びはおのれの観念を随え、その結果（この部の命題三〇より）また神の観念も原因として随えている。論証以上。

系

第三類の認識からは必然のこととして神への知性愛が起る。なぜなら、この類の認識からは（前の命題より）神の観念を原因として随えた喜びが起り、つまり（感情の定義六より）*神への愛が起るが、それはわれわれが神をまえにいると思い描くかぎりでではなく（この部の命題二九より）、神が永遠であるとわれわれが解るかぎりでだからである。そしてこれが、神への知性愛とわたしが呼ぶものである。

命題三三

第三類の認識から起る神への知性愛は永遠である。

論証

というのは、第三類の認識は（この部の命題三一と第一部公理三とにより）永遠だからである。よって（第一部の同じ公理より）それから起る愛もまた必ず永遠である。論証以上。

備考

神へのこの愛には始まりがなかったとはいえ（前の命題より）、それでも、先立つ命題（三二）[15]の系でわれわれが仮構したとおりに、あたかもこれが発生したかのような場合と同じに、愛のすべての完全さをそなえる。またここには、精神が、われわれの仮構ではいまそれに加えられるほかならぬ完全さを、永遠なものとしてもち、そのことは神の観念を永遠な原因として随えているということ以外に何も異なる点はない。そしてもし喜びがいっそう大きな完全さへの移り行きに存するとしたら、至福とは正真正銘、精神が完全さそのものを授かっているというそのことに存するはずである。

命題三四

精神は体が持続しているあいだでなければ受動と関係をもつ感情に服しない。

論証

想像とは精神が或る物をまえに在るように眺める観念であるが（第二部命題一七備考にあるその定義を見よ）、にもかかわらずそれはその物の自然の性よりは人間の体のいまのしくみをいっそう指し示す（第二部命題一六系二より）。そうすると感情とは（感情の一般的定義*より）体のいまのしくみを指し示すかぎりでの想像である。したがって（この部の命題二一より）精神は体が持続しているあいだでなければ受動と関係をもつ感情に服しない。論証以上。

系

ここから、知性愛を別にして、いかなる愛も永遠ではないことが出てくる。

備考

もし人びとに普通にありがちな意見に注意を向ければ、われわれはこういうことを見てとる。かれらは自分の精神の永遠をたしかに意識してはいるが、それを持続と取り違えて、永遠を想像、言いかえるなら記憶のものとし、こうしたものが死の後に残ると思い込んでいる。

命題三五

神はおのれみずからを無限の知性愛で愛する。

論証

神は無条件に無限である（第一部定義六より）。つまり（第二部定義六より）神の自然の性は無限の完全さを享《う》けていて、そのことは（第二部命題三より）おのれの観念、つまり（第一部命題一一と定義一より）おのれの原因の観念を随えている。そしてこれがこの部の命題三二の系で知性愛であるとわれわれが言ったものである。

命題三六

神へ向けられる精神の知性愛は、神がおのれ自身を愛する神の愛そのものであるが、それは神が無限であるかぎりではなく、永遠の相のもとに考察された人間精神の有りかたを通して神が説明されうるかぎりでのことである。つまり神へ向けられる精神の知性愛は、神がおのれ自身を愛する無限の愛の一部である。

論証

精神のこの愛は精神の能動によるものとされるはずであり（この部の命題三二系と第三部命題三より）、ならばそれは精神がおのれみずからを眺める能動のはたらきであって、原因として神の観念を随えている（この部の命題三二とその系より）。つまりそれは（第一部命題二五系と第二部命題一一系より）神が人間の精神を通して説明されうるかぎり、神がおのれ自身を眺めるはたらきであり、みずからの観念を〔原因として〕[16]随えている。だから（前の命題より）精神のこの愛は、神がおのれ自身を愛する無限の愛の一部である。論証以上。

系

ここから出てくるのは、神はおのれ自身を愛するかぎりで人間を愛するということ、その結果として、人間に向けられる神の愛と、神へ向けられる精神の知性愛とは同じ一つのものであるということである。

備考

これからわれわれは、われわれの救い、言いかえると至福、さらに言いかえると自由が、どんなことに存するかということをはっきりと解る。すなわち、神へ向けられる揺《ゆる》ぎない永遠の愛、それを言いかえると人間に向けられる神の愛のうちに存するのである。

そしてまたこの愛、言いかえるなら至福は、聖書では「栄光」という名で呼ばれるが[17]、それは不当なことではない。というのも、この愛が神のものとされようと、精神のものとされようと、それはただしくは「心の充された静止」という名で呼ぶことができ、ほんとうのところは栄誉と区別されないからである（感情の定義二五*と三〇*より）。じっさいそれは、神のものとされるかぎりでは、「喜び」という語をなお遣うことが許されるとすれば、(18) みずからの観念を〔原因として〕随えた喜びだからである（この部の命題三五より）。精神のものとされるかぎりでも（この部の命題二七より）そうであるように。

それから、われわれの精神の有りかたは認識のみに存し、それの起源と礎は神であるために（第一部命題一五と第二部命題四七備考より）、ここからわれわれには、どのようにしてまたどんな関係で、われわれの精神が有りかたと実在に関して神の自然の性から出てきて、かつ、たえず神に倚《よ》りかかっているかということが見通されるようになる。そのことをここで指摘しておくことは労に価すると判断した。それはこの例によって、わたしが「直観的」、言いかえると第三類という名で呼んだ個物の認識が（第二部命題四〇備考二を見よ）、第二類であると述べた普遍的な認識と較べてどれだけ力をそなえ、選ぶに価するかということを示すためであった。というのも、なるほどわたしは第一部で、すべてが（したがってまた人間の精神も）有りかたと実在に関して神にかかっていることを一般として捉えて示した。その論証は則《のり》に適い、疑いがかけられる賽《さい》の目の埒外に置かれているけれども、それでもそのことが、神に依存するとわれわれが言う個物のどれであれ、その有りかたそのものから結論される場合のようにはわれわれの精神を感動させないからである。

命題三七

自然のうちにはこの知性愛と反対の、言いかえるならそれを取り去れるものは何も与えられない。

論証

この知性愛は、精神が永遠の真理として神の自然の性を通して考察されるかぎりで、精神の自然の性から必ず出てくる（この部の命題三三と二九より）。それゆえもしこの愛と相容れないような或るものが与えられるとしたら、それは真と反対であることになる。結果として、この愛を取り去れるものは真であるものが偽となるようにするであろうが、これは（おのずと知られるように）背理である。ゆえに自然のうちにはこの知性愛と反対の云々。論証以上。

備考

第四部の公理は或るきまった時間と場所につなげて考察されるかぎりでの個物を考慮しており、そのことにはだれも疑いをもたないと信じる。

命題三八

精神が第二類と第三類の認識で多くのものごとを解るほど、精神は悪である諸感情によってはたらきを受けることがそれだけ少なく、また死を恐れることがそれだけ少ない。

論証

精神の有りかたは認識のうちに存する（第二部命題一一より）。そうすると、精神が第二類と第三類の認識で多くのものごとを認識するほど、それだけその大きな部分が残り（この部の命題二三と二九より）、その結果（前の命題より）それだけその大きな部分が、われわれの自然の性と相容れない、つまり（第四部命題三〇より）* 悪である諸感情から干渉を受けない。このようにして、精神が多くのものごとを第二類と第三類の認識で解るほど、それだけその大きな部分が傷つけられずにとどまり、その結果、感情によってはたらきを受けることがそれだけ少なく云々。論証以上。

備考

ここからわれわれには、第四部命題三九備考* で触れ、この部で説明すると約束したことが解る。それは、精神の明晰判明な認識が大きさを増すほど、その結果、精神が神をいっそう愛するほど、それだけ死は有害ではなくなる、ということである。

それから（この部の命題二七より）第三類の認識からは、この上はないであろう充された静止が起るために、ここから人間の精神とは、そのうちの体と一緒に滅びることをわれわれが示したものは（この部の命題二一を見よ）、残るそれに照せば何ら重みをもたないという性状のものでありうることが出てくる。しかしこうした点についてはまもなくもっと詳しく扱われる。

命題三九

ひじょうに多くのことに向いた体をもつ者は、その最大部分が永遠である精神をもつ。

論証

ひじょうに多くのことを行うのに向いた体をもつ者は、悪である諸感情によって少しも揺すぶられず（第四部命題三八*より）、つまり（第四部命題三〇*より）われわれの自然の性と反対である感情によって揺すぶられず、そうして（この部の命題一〇より）体のもろもろの変容を知性に適った順序にしたがって順序づけ、鎖のように連ねる能力をそなえる。その結果、体の変容すべてが神の観念と関係をもつようにする（この部の命題一四より）能力をそなえる。これにより（この部の命題一五より）神へ向けられる愛に触発されることになって、この愛は（この部の命題一六より）精神の最大部分を占める、言いかえればつくり成すはずであり、ならば（この部の命題三三より）この者は最大部分が永遠である精神をもつ。論証以上。

備考

人間の体はひじょうに多くのことに向くために、こういう精神と関係することがその自然の性にあてはまりうるのは疑いない。それは、自己と神について大きな認識をもち、最大の、言いかえるならおもな部分が永遠であり、そうして死をほとんど恐れない精神である。

けれどもこれらのことがもっとはっきり解ってもらえるためには、ここで次の点に心が向けられるべきである。それは、われわれがとどまることのない移り変りのうちに生きていて、より善いほうに変じるのかより悪いほうに変じるのかに応じて、幸多《さち》いか、または幸薄いと言われるということである。じっさい、赤ん坊あるいは子どもの身からなきがらに移行する者は幸薄い者と言われ、あべこべに全生涯を健やかな体に健やかな精神を宿してわれわれが送れれば、それは幸せとされる。そしてじじつ、赤ん坊か子どものようにひじょうにわずかなことにしか向いていない、またそとの原因にそれ以上ないほどに倚りかかった体をもつ者は、それだけを考察すると、自己についても神についても物についてもほとんど何も意識していない精神をもつ。反対に、ひじょうに多くのことに向いた体をもつ者は、それだけを考察すると、自己と神と物とを大いに意識している精神をもつ。そうするとこの生においてわれわれがとりわけて力めるのは、幼い頃の体を、その自然の性が許し、またその性に役立つだけ、別の、ひじょうに多くのことに向いた、自己と神と物とをこの上ないほど意識する精神と関係する体に変じるようにすることである。そうして、先立つ命題〔三八〕の備考でもう述べたように、精神のうちの、記憶か想像かに関係をもついっさいが、知性と照してほとんど何の重みもないというようにすることである。

命題四〇

物はそれぞれ多くの完全さをもてばもつほど、それだけいっそうはたらきを行い、はたらきを受けることがいっそう少ない。また逆によりいっそうはたらきを行えば、それだけいっそう完全である。

論証

物はそれぞれいっそう完全であるほど、物としての性格をそれだけ多くもち（第二部定義六より）、その結果（第三部命題三とその備考より）それだけいっそうはたらきを行い、はたらきを受けることがいっそう少ない。もちろんこの論証は逆の順序で同じしかたで進められ、それにより、物は反対に、いっそうはたらきを行えば、それだけいっそう完全であることが出てくる。論証以上。

系

ここから出てくるのは、精神の残る部分は、それがどれだけであろうと、そのほかよりも完全であるということである。なぜなら精神の永遠な部分とは（この部の命題二三と二九より）知性であって、それを通じてのみわれわれははたらきを行うと言われる（第三部命題三より）。他方、滅びることをわれわれが示した部分は想像そのものであり（この部の命題二一より）、それを通じてのみわれわれははたらきを受けると言われるからである（第三部命題三と感情の一般的定義*より）。だから（前の命題より）まえのものは、それがどれだけであろうと、あとのものよりも完全である。論証以上。

備考

ここまでが、体の実在に対する関係を離れて考察されるかぎりでの精神について示そうと決めていたことである。これらから、また併せて第一部命題二一やほかの箇所から見えてくるのは、われわれの精神は、解るかぎり、思いの永遠な様態であり、それは思いの別の永遠な様態によって決定され、またこれが別のものによってというように無限に進み、こうしてすべてが一緒に神の永遠で無限な知性をつくり成すということである。

命題四一

われわれはたとい自分の精神が永遠であることを知っていないとしても、それでも敬いと務め(19)を、無条件には、第四部で勇敢さと寛大さに関係させられることをわれわれが示したすべてを、第一のものと仰ぐであろう。

論証

器量、言いかえるとただしく生きる術の第一の、そしてただ一つの基礎とは（第四部命題二二系*と命題二四*より）おのれの有益を求めることである。ところで、理性が有益であると指図するものを決定するのに、われわれは精神の永遠をまったく顧慮しなかった。それはやっとこの第五部で識ったのである。こういうしだいでそのとき精神が永遠であることを知らないでいたけれども、にもかかわらずわれわれは勇敢さと寛大さに関係させられることを示したものを第一のものと仰いだ。だから、たといいまでもこのことそのものを知らずにいるとしても、それでもわれわれは理性による同じ戒律を第一のものと仰ぐであろう。論証以上。

備考

平均的な人びとに普通にありがちな思い込みは別様であるように見える。なぜなら大多数の人は、本能的な嗜慾に従うことを許されるかぎりで自分が自由であり、神の法則の戒律にしたがって生きることに縛られるかぎりではみずからの権利を放棄すると信じているように見えるからである。それで、敬いと務めを、無条件には、心の勁さに関係させられるすべてを重荷であると信じ、死んだあとにはそれを降ろし、隷従の、ということは敬いとお務めの、対価を受けとる希望を抱いている。だがこの希望ばかりではなく、また、むしろおもには死んだのちに恐ろしい責苦で罰せられないかという不安によって、かれらは、そのか細さと無力な魂の質に堪えられるだけ、神の法則の戒律に合せて生きるように誘い込まれる。そしてこうした希望や不安が人びとのうちになかったとしたら、かえって反対に、精神が体とともに消えてなくなり、敬うことの重荷に疲れ果てた惨めな者には生き延びる道が残されていないと信じたとしたら、生来の素質に戻って、本能的な慾望からすべてを取りしきり、自分に従うよりはむしろ偶運に身をゆだねようとするであろう。わたしにはこうした人たちは、だれか、健康によい食べ物をもってしても体を永劫には養えないと思い込むあまり、かえって毒物や死を早めるもので腹を満たそうとする人がいたとして、それに負けないくらいばかばかしく思われる。あるいは、精神が永遠や不死ではないことを見てとるがために、狂ったり理性なしで生きたりするほうを選ぶ場合にも比せられる。こうした考えはあまりにばかげているから、およそ数え蒐《あつ》めるに価しない。

命題四二

至福とは器量を積んで償われる報いではなく、器量そのものである。またわれわれは本能の欲望を抑えるから至福を享受するのではなく、反対に至福を享受するがゆえに本能の欲望を抑えられるのである。

論証

至福は神へ向けられる愛のうちに存する（この部の命題三六とその備考より）。その愛はたしかに第三類の認識から起り（この部の命題三二系より）、したがってこの愛は（第三部命題五九*と三より）はたらきを行うかぎりでの精神のものとされるはずである。そのために（第四部定義八より）器量そのものである。これが初めの点であった。

次に精神はこの神の性をそなえた愛、言いかえると至福をいっそう享受するほど、それだけいっそう解るものが多く（この部の命題三二より）、つまり（この部の命題三系より）それだけ感情に対して大きな力をそなえ、かつ（この部の命題三八より）悪である諸感情によってはたらきを受けることがそれだけ少ない。だから精神はこの神の性をそなえた愛、言いかえると至福を享受することから、本能の欲望を抑える能力をそなえる。そして感情を抑えるための人間の力はただ知性のうちに存するから、まさに何ぴとも感情を抑えるから至福を享受するのではなく、反対に本能の欲望を抑える能力が至福そのものから生れるのである。論証以上。

備考

これでわたしは、感情に対する精神の力について、そして精神の自由について示そうと志した一切に締めくくりをつけた。これらから知者が、本能の欲望だけで押し動かされる無知者よりもどれだけ力をそなえ、まさっているかということが見えてくる。じっさい無知者はそとのもろもろの原因によってたくさんのしかたで揺り動かされ、いつになっても心のほんとうの充された静止を所有しない。それに加えて、自己と神と物とをあたかも知らないでいるかのように生き、はたらきかけられるのがやむのと同時に在ることもやめるからである。対するに知者は、そういう者として考察されるかぎりでは、気持が動くことがほとんどない。自己と神と物とをなにがしかの永遠な必然によって意識し、在ることをけっしてやめず、心のほんとうの充された静止をいつでも所有する。これに導くことをわたしの示した道はいま険しさをきわめるように見えるとしても、それでも見つけることはできる。そしてかくも稀にしか見出されないものはどうしたって険しいものであるはずだ。というのも救いが手の届くところに在って、たいした労力もかけずに見出されうるとしたら、みなからまったくといっていいほどなおざりにされていることがどうしてありえようか。けれども、すべて耀きのあるものは希有であるのに見合って困難でもあるのだ。

終り。

訳注

「あとがき」の書誌に書名を挙げるものについては、注では書名を省略する。また諸学者の注解に言及する場合、ゲープハルト版全集の巻や「エチカ」の諸外国語訳では、その該当箇所ということになるので、頁は省く。

＊を印した箇所は本訳書で省略された部分。

第一部

（1）ふつう natura は「本性」と訳されるけれども、煩瑣の感を与えるのを覚悟で「自然の性」と訳していく（三角形や円といったようなものに用いられる場合は「本性」とする）。これは宋代の儒者の説にあったという「本然の性」と「気質の性」の区別から着想を得た。人間に関して、自然の性と対置されると訳者が理会するのが「素質（ingenium）」である（適用範囲である外延が截然と分れるということではない）。こちらは生れながらにそなわるその人特有の性質にのちに周囲から受ける影響が加わって出来上がるものと解する。素質については、本書に含まれる部分では、この第一部の付録、第五部命題四系備考、その他では第三部命題三一系備考＊を参照。

（2）「物の自然のうちには（in rerum natura）」は、前の命題四の論証にある「知性のそと（extra intellectum）」と同じ事柄を指し、外の自然である対象界を意味していると思われる。「外」というのは神の無限な知性とわれわれの有限な知性（ともにそれぞれの「内」の自然）にとっての「外」である。

(3) ウルフソンはこの一節の典拠をこう詮索している。(一) 木が話すことについては、マイモニデスが物笑いにしたサービア教徒の説、(二) 人間が石からつくられることについては、「マタイ伝」三ノ九とギリシア神話のデウカリオンとピュラの物語(オウィディウス「転身譜」巻一、四一一－四一三行)の二つ、(三) 形が変じることについては、マイモニデスやトマス・アクィナスに説明がある、モーセが水を血に変え、イエスが水を葡萄酒に変えた奇蹟を始めとするユダヤ－キリスト教の諸奇蹟と、ギリシア神話の変身譚の二種。Cf. Harry Austryn Wolfson, *Religious Philosophy*, Cambridge, Mass., 1961, pp. 243-245.

「知性改善論」の類似箇所(ブルーダー版に拠る五八節)に関しては、ユダヤ教会から破門された後スピノザが寄宿した私塾の主宰ファン・デン・エンデン作の戯曲「フィレドニウス」とのつながりを、そこに用いられているオウィディウス「転身譜」とこの箇所(ほかに六八節)の照応のしかたにもとづいて、プロイエッティが考証している。Omero Proietti, "Il «Philedonius» di Franciscus van den Enden e la formazione retorico-letteraria di Spinoza (1656-1658)," *La Cultura*, Anno 28, 1990, p. 316.

(4) 創造される前には「実在しない」とみなされていることになるから、それは、「有りかたが必ず実在を伴う」(命題七論証)実体について偽の観念。次いで創造ののちに実在を伴い、真の観念になるので、こういう主張に相当する。

(5) 前の命題までは、同じ属性をもつ実体が一つしかなく、属性の違いによって実体が多数在るように書かれていた。それに対しこの命題を境として、一つの実体が複数の属性をもつことができ(次の命題一〇の備考を参照)、結局(命題一四系一参照)無限に多くの属性をもつただ一つの実体、神だけが与えられるということが導かれる。

(6)「物としての性格」の原語は realitas《レアリタース》で、「実在性」あるいは「事象性」という訳語が充てられることが多い。「リアリティ」という言葉の元をなすラテン語だが、「現実性」、「現実味」というアクチュアリティの意味は元来なかった。中世に「物(res《レース》)」に準じる指小辞として造語された哲学用語で、物の構成要素を表した。そこからいわば「もの性」を意味し、物としての充実度にかかわる語になった。スピノザはこれを「完全さ(perfectio)」と同じ意味に解している(第二部定義六を参照)。

作家のウラジーミル・ナボコフがトルストイの「アンナ・カレーニナ」に加えた注釈は、リアリティの本来の意味を解らせて興味深い。冒頭近くで、アンナの兄のオブロンスキー公爵が朝刊の新聞に目を通し、ボイスト伯(実在したオーストリアの政治家)がヴィスバーデンに向ったという消息を読んだことに触れてである。「一方には歴史的事実がある。政治家であり外交官であったボイストは、実在したというだけではなく、二巻の回想記を書き、そのなかで自分の長い政治生活のあれこれの場合の当意即妙の答弁や、政治的駄洒落などを、慎重に思い起している。そしてもう一方には、頭のてっぺんから爪先までトルストイの創造物であるスチーヴァ・オブロンスキーがいる。問題は二人のどちらが、「現実の」ボイスト伯と「架空の」オブロンスキー公爵のどちらが、より生きているか、より現実的であるか、より信じられるか、ということなのである。善良なボイスト伯はその回想記――古い決り文句に満ちた長たらしい回想記――にもかかわらず、漠然とした陳腐な人物にとどまっている一方、実在しなかったオブロンスキーは永遠に躍動的である」(『ロシア文学講義』小笠原豊樹訳、TBSブリタニカ、二六四―二六五頁)。

(7)デカルト「哲学原理」第一部第二三節、およびスピノザによる「デカルトの哲学原理」第一部命題一六。また、想定されている第一と第二の論拠は合せて、「エチカ」の原型とみてよい、「神、人間とそのさいわいについての短論文」第一部第二章［一八］で採り上げられている。

(8)フランス語訳者のアッピューンは「デカルトの哲学原理」第二部命題二を指すと注している。『デカルトの哲学原理』はスピノザの生前に著者名を掲げて出版されたただ一つの著書で一六六三年に刊行された(著述の時期は「エチカ」を書き始めた頃にほぼ重なるとみられる)。

（9）「形としての有りかた」は essentia formalis、「対象というありかたで」は objective の訳。これらは意味の上で一対をなす。副詞である後者を前者と対の形にすると（「エチカ」には現れない用語だが）essentia objectiva（「観念の内の対象という有りかた」）で、観念の内で対象を表している観念の有りかたを言う用語。「形としての有りかた」はこれに対して、観念の内に対象になって入っているのではない、物のそれじたいの有りかたを意味する語。術語として通常前者は「形相的本質」と訳されるのに対して、objective、objectiva については（デカルトでの場合も併せて）さまざまな訳が考案され、訳語が定まっていない。第二部で用いられる esse formale（「形としての有ること」）、esse objectivum（「観念のうちで、対象になっている有ること」命題八系の一度だけ）は前記の対語と同じ意味と考えられる。

（10）命題二一からは、いわゆる無限様態を扱う。命題二一が扱うものは「直接無限様態」、対するに命題二二のほうは「間接無限様態」（直接無限様態をなかだちとして生起する）と呼ばれる。スピノザは書簡でこれら二種の無限様態の例を示している（書簡六四）。古来、スピノザの哲学に対しては、無限から有限を導けず、両者のあいだに断絶があるという指摘が行われてきた（研究史の中でも初期から一つの見かたを形づくってきた）。したがって、無限な実体と有限な個物のなかだちをつとめる無限様態をどのように捉えるかということは重要である。命題二二の論証はただ「前の命題の論証と同じしかたで進められる」と述べるだけなので、無限様態の意義を理会する鍵はこの命題二一の長い論証にあると言ってもよい。註をつけた訳文では、「必然的に出てくるわけではない」あるいは「必ずしも出てこない」と、否定の non が副詞の necessario だけにかかる部分否定には解していない（例とされている「神の観念」が「必然的に出てくる」ものと仮定されているのではないことに注意）。「……ことが必定〔必然〕である」と necessario を文全体にかかる意味にとったのは、訳者独自の無限様態解釈と結びついているので（命題二八備考の訳者補足も）、一応断っておきたい。いずれにしても、この論証の論脈を注意深く辿ってほしい。なお、無限様態の問題についてさらに知りたい読者は、訳者の研究書『個と無限——スピノザ雑考』（風行社）の第一章を参照いただきたい。

(11) トマス・アクィナス『神学大全』第一部第一〇四問題第一項。この「エチカ」の第二部命題一〇系備考も参照。

(12) 原因を分類した呼び名についてスピノザは、ライデン大学教授ブルヘルスダイク（一五九〇－一六三五——十七世紀前半のオランダで一番影響力のあった哲学者）とその弟子へーレボールト（一六一四－一六六一）の用語に従っている。へーレボールトの説明によると、「最近原因」とは、結果を直接産み出し、自身がその実在に関してか活力に関してか、またはその両方に関して、結果と結合されているもの。これに対して「遠隔原因」とは、結果を近接した媒介原因によって産み出し、実在においても活力においても結果と結合されていないものである。最近原因は二つの場合に分けられる。原因と結果のあいだに同じ序列であれ異なった序列であれ他の原因も、また原因となるために要求された活力も事情も介在せず、原因がその実在において結果と結合され、結果を直接産み出すことに到っている場合が「絶対的最近原因」。対するに「自己の類における最近原因」とは、最近原因と結果のあいだに同じ序列と種類の他の原因は介在しないものの、異なった序列と種類の媒介原因が介在したり、なかだちとなる活力あるいは因果性が介在したり、はたらきをなすために要求された媒介的事情が介在したりすることを許されていて、それが能動者の受動者への似通いを定める場合である。

たとえば火はそのうちに含む熱と自己の実在によって結合するから、その熱の絶対的最近原因である。だが他の物のうちに起す熱に対しては自己の類における最近原因である。この場合火と同じ種類の媒介物つまり他の火は介在しないけれども、火のうちの熱が、熱を起す活力として介在し、原因と結果のあいだに似通いが生じる。球が他の球に衝突する場合も、第一の球は同じ種類の原因（別の球）を媒介せずに、内部の運動力という異なった種類の媒介原因によって直接に第二の球を動かすから、第二の球に対して自己の類における最近原因である。第二の球がさらに第三の球を動かすとき、第一の球は第三の球の運動の遠隔原因になる（第二の球という同じ種類の原因が介在するから）。同様に祖父は孫の遠隔原因である。遠隔原因は絶対的最近原因のようにその実在を通して結果と結合することもなければ、自己の類における最近原因のように内部の活力を通して結果と結合することもない。

これをいまの備考にあてはめてみる。直接無限様態は、火のうちの熱のように、何もなかだちとせずに神の実在によって神と結ばれているから、神は直接無限様態の絶対的最近原因である（帰結の第一）。第一の帰結が含意することとして、神と間接無限様態の因果関係では、そのなかだちとなる直接無限様態は神と同じ序列の原因（神とは別の実体）ではないから、神は間接無限様態の遠隔原因ではない。しかし、神とは異なった序列の（つまり実体ではなく様態である）媒介原因として直接無限様態が介在するので、神は間接無限様態に対して自己の類における最近原因になる。第二の帰結は、命題二八が提示する、神の変容である個物の、それぞれが同時に結果でも原因でもある無際限につらなる連環にかかわっている。原因と結果はここでは一対一に閉じていない。第一の球と第三の球、祖父と孫のようなつらなりになるから、或る個物に変容した神は他の個物に変容した神に対して遠隔原因になる。個物は神の無条件な自然の件とは実在によっても原因の力によっても結ばれていないために有限となる。命題二八で提示した因果性のために神が個物の遠隔原因とみなされるという批判をスピノザはおそらく予想したため、当時の支配的な講壇哲学の用語をつかって命題二八による個物の捉えかたが限定された一面の把握にすぎないことを補足したのだと洞察できる。つまり帰結の第二は、個物が本来的には神の無条件な自然の性から出てくるものと区別されないということを要点とする。

（13）命題三三の論証。命題一七備考も参照。

(14) 神あるいは神の観念のうちには可能態のものがありえないことについては、たとえば、トマス・アクィナス「神学大全」第一部第三問題第一項とデカルト「第三省察」(『省察』三木清訳、岩波文庫、七〇-七一頁)。

(15) デカルトでは「哲学原理」第一部第二三節、およびメルセンヌ(?)宛一六三〇年五月二七日(?)の書簡(アダン-タヌリ版全集第一巻一五三頁)と、メスラン宛一六四四年五月二日(?)の書簡(同全集第四巻一一九頁)。

(16) 神の「無関心な(indifferens)意志」(非決定)については、デカルト「省察」第六答弁(『デカルト著作集』第二巻、白水社、四九三頁、四九六-四九七頁)および前注のメスラン宛書簡(一一八頁)。

(17) appetitus の訳。「衝動」、「欲求」、「衝動《きもち》」、「欲求《きもち》」とも訳している。

(18) おそらくアリストテレス「政治学」第一巻第二章第一〇節(一二五三a九)、および第一巻第八章第一二節(一二五六b二一)に源を遡る。

(19) オランダ語版『遺稿集』ではこの箇所に「人類全体に照せばごくわずかな数だが」と括弧書きされている。全集編者のゲープハルトは、オランダ語版『遺稿集』の「エチカ」がラテン語版『遺稿集』とは別のラテン語草稿も用いて訳されているという想定にもとづき、オランダ語版『遺稿集』にある異文を(すべてではないが)挿入してテクストを編んだ。アッカーマンはこの異同のうちの多くが、オランダ語訳者による解説的加筆や、一つのラテン語を複数のオランダ語を用いて訳す傾きから生じたものであることを検証し、その結果、テクスト成立に関するゲープハルトの立場は信頼度が揺《ゆら》いでいる。カーリーの英語訳はゲープハルト版に挿入されたオランダ語版『遺稿集』からの異文の一々に触れて判断する方針を採り、多くの場合アッカーマンの見解に従っている。だが、いまの箇所に関しては、オランダ語訳者の注釈とみるアッカーマン(一六一頁)に対して、カーリーはスピノザ自身の意見と一致することを重視して、スピノザがオランダ語訳の手沢本にこの部分を書き加え、ラテン語原稿のほうには加え忘れた可能性を推測している。

(20) 挙げられうる典拠のうち、注(12)で触れたヘーレボールトの次の一節が特に言葉遣いの上でも合致する。「神は目的によって動かされるのか」という問いに答えて言われる。「神はすべてをおのれのために行った。〔……〕それは神の作った当のものどもを神が必要としたということではなく、（じっさいそうでは人間と同じようにまさしく目的によって動かされたことになるから）作った当のものにおのれの善さに与《あずか》らせるためであって、そのことをスコラの学者たちはこういうふうに言い表している。神はすべてを、必要という目的のためにではなく、似せるという目的のために行った。この目的とは〔……〕おのれのそとに在る他の物どもに善を施すためである」（A. Heereboord, *Meletemata philosophica, Disputationes ex Philosophia Selectae*, volumen II, Disp. 24, vii, Leiden, 1654, p. 270）。

(21) パーキンソン（エヴリマンズ・ライブラリー版英訳の改定編集者）はほとんどスピノザ自身のことを述べたものと注している。「神学・政治論」第六章参照。

(22) 第四部命題三七備考二*

(23) ens rationis の訳（普通「理性の有」と訳される場合が多い）。「実際の存在（ens reale）」（同じく「実在的有」、「事象的有・存在者」）と対になる用語で、要するに「物ではないもの」。物であることについては注(6)を参照。「デカルトの哲学原理」付録の「形而上学的思索」第一部第一章にある規定では、「解った物をもっと簡単に保ち、説明し、思い描くのに役立つ思いの様態」である。論じられてきたもろもろの意義は、理性のはたらきを経た理屈によって頭の中で整然と物の自然の性を説明するものではなく、想像によってあてがわれただけのものであるから、「理屈上の存在」とは区別されて「想像上の存在」と言われている。ただし書簡一二（メイヤー宛）では理屈上の存在である時間、尺度、数を想像の様式、補助手段とみなしている。

第二部

（1）この部の命題一〇系の備考で詳しく扱われる。
（2）「うちからの呼びかた（denominationes intrinsecae）」と「そとからの呼びかた（denominatio extrinseca）」。真の観念の中身は複雑さをそなえるので前者は複数であるのに対し、観念と観念対象との一致という関係はそれじたいとしては単純であるから、後者は単数で用いられている。「そとからの呼びかた」とは、真という呼び名が、真である観念の特性によってその内からではなく、観念そのものにとっては外側になる対象との関係にしたがってあてがわれるという意味である。だが第一部公理六で真の観念の要件と言われた観念対象との一致が、十全な観念の定義では、真の観念の内実にかかわらない「そとからの呼びかた」として度外視されることは一見奇異の観を与える。簡潔に言えば、それはこういうことにもとづく。観念と観念対象との一致は、神という実体を根拠し、神のうちのすべての観念について成り立つ。このため真の観念の中身に触れない形式として、神についての知を演繹する第一部に公理として掲げられる。それに対してわれわれ人間にとっては、この一致の真理を実際に生きるためには、真の観念を十全な観念として得て、精神をその観念で満していかなければならないということをこの第二部の定義は述べている。それは観念の真を、思いの様態そのものの完全さである「思念」として追究する道を指し示す。
　補足として「そとからの呼びかた」のスピノザ以外の用例については、たとえば次の「ポール・ロワイヤル論理学」の記述を参照。「外面の、と名づけうるもう一方の様態がある。それは、他人の行動から受けとった名前である**愛された、見られた、欲せられた**のように、［その］実体の中にはない何ものかから纏われているからである。これがスコラでそとからの呼びかたと称されるものである」（第一部第二章、一六八三年の第五版での追加部分）。

（3）オランダ語版『遺稿集』ではこの後に「別の言いかたをすると、われわれはわれわれが思うことを知っている」という文が続く。この異文についてアッカーマン（九七―一〇〇頁、一四五―一四六頁）は、スピノザがライデン近郊レインスブルフに移ってからアムステルダムに出来ていた友人のサークル内で、オランダ語に訳された「エチカ」に理会のため加えられた注記という説を提起している。その推測によると、サークルはデカルトの哲学からも影響を受けていたため、この文はフラーズマーカーのオランダ語訳によるデカルトの「哲学原理」第一部第八節末尾から借りられ、同じフラーズマーカーがオランダ語版『遺稿集』刊行のために委嘱を受けて「エチカ」をオランダ語に編訳した際にも由来を知らずに残されたのではないかという。

（4）ラテン語 affectus は「刺戟・触発する（afficere）」の完了分詞から派生した名詞。つまり刺戟・触発を受けた状態である。「変容（affectio）」も同根。定義（第三部定義三）によると、affectus は「体の変容」であるとともにその「変容の観念」である。体と精神の両方の状態であるものを指すのに、「感情」という日本語が最適かどうかについては考える余地があるけれども、他の類縁の語と較べてももっとも普通に馴染まれているという利点があるので以後「感情」と訳す。英語とフランス語での訳語を見ると、前者では emotion、後者では passion、sentiment を避け（フランス語訳として一番標準的に用いられてきたアッピューン訳による affection でもなく）、どちらの国語でも日常語からは離れた affect を用いる傾向がほぼ定まってきている（ドイツ語では当初から Affekt が充てられてきた）。

（5）特にマイモニデス「迷える者たちの手引き」第一巻第六八章が該当箇所として挙げられる。次のウルフソン（第二巻、二四―二七頁）とゲルー（第二巻、八五頁）にそれぞれ考察と典拠が詳しい。この先ウルフソンに言及する場合、第一部の注（3）で引いた書物ではなく、「あとがき」の書誌に挙げるこの二巻合冊の書を指す。マイモニデスは中世ユダヤ最大の思想家であり、「迷える者たちの手引き」はその哲学上の主著。スピノザの遺品目録にもそのヘブライ語版が記載されている。

(6) この例による説明はユークリッド「原論」の第三巻定理三五にもとづく。プレイアード版フランス語訳の訳者ロラン・カイヨワは、十七世紀までの用語法では長方形が積を意味したこと、したがって、DとEの交点で区切られる線分をそれぞれd、d´、e、e´とすると、dd´=ee´だから、dとd´、eとe´がそれぞれ、たがいに面積の等しい長方形の各辺をなすことを注記して、テクストにdd´=ee´を括弧書きで補い、図にも小文字の記号を補っている。この措置はたしかに今日の表現に適うけれども、個物の実在が問題になっているこの箇所で、スピノザが「物」を念頭に置いてこの矩形の例を持ち出したことは疑いない。dd´=ee´は関係もしくは有りかた（本質）に近づくので、この備考の意味が損なわれる。

(7) 第一部命題二四系とそこの注(11)を参照。「生じることに対する原因（causa secundum fieri）」と「有ることに対する原因（causa secundum esse）」については、デカルト「省察」第五答弁も参照（『デカルト著作集』第二巻、白水社、四四五頁）。

(8) 『遺稿集』は命題一一を引証しているけれども、ゲープハルトがオランダ語版『遺稿集』にしたがって命題一二に改めた訂正は妥当と思われる。

(9) この訳書では、imaginari の訳語として「想像する」のほか、「思い描く」、「像に描く」なども充てている。

(10) 「精神もまた」はオランダ語版『遺稿集』に拠って補った。

(11) 重立った解釈者はデカルトの説を念頭に置いた評言とみなしている。デカルトは、精神が体に対してその機能を直接及ぼすのは、脳の中心に位置する松果腺という小さな腺であると想定し、この腺が精神の座であると考えた。「情念論」第一部第三一—三二節。また後の「エチカ」第五部序言を参照。

(12) 『遺稿集』もオランダ語版『遺稿集』もこの備考に「一」という番号を付していない。第三部命題一の論証、第四部命題二七の論証*でも、この命題の備考が番号なしに引証されている（「備考二」の指示は第二部で二箇所と第五部で七箇所）。ゲープハルトは命題四〇の備考が初めは一つだったのが後から二つに分けられたと考え、番号なしに引証されている二箇所は備考一と備考二の両方を含むとみなした。それに対してアッカーマン（八二頁）は二箇所とも備考一の指示と考え、備考二は執筆中に後から加えられたと推定している。

(13) 概念のこれらの区分けについてウルフソン（第二巻、一一九―一二〇頁）は、マイモニデスの「論理術語集」にある分類がスピノザの念頭にあったと想定している。

(14) ロビンソン（三四六頁）が典拠として引用するヘーレボールト（*Meletemata philosophica*, vol. I, Disp. 50, iv. p. 186）と、ゲルー（第二巻、三六四頁）が引用するザバレッラ（Zabarella, *De Natura Logicae*, I, cap. X. ザバレッラ（一五三三―一五八九）はイタリアのアリストテレス主義の哲学者）は、一次概念と二次概念の規定で合致する。一次概念は「人間」、「動物」など物そのものにかかわる概念、二次概念は一次概念が対象として念われる様式、つまり類、種、範疇の類いである（それにもとづく公理とは同一律、矛盾律、排中律など）。これに対してウルフソンは、ここでの二次概念がこうしたスコラ的な用法ではなく、前注でのマイモニデスの論に従った、一次概念（マイモニデスの区分けでは公理）から導かれる三段論法のような演繹推理の結論を意味すると主張している（第二巻、一二〇―一二二頁）。ゲルーはウルフソンのこの解釈を批判している（第二巻、五八七―五八九頁）。

(15)「超越概念（transcendens）」。いっさいを包括して、限定された一定の類を超える「存在（有るもの）」と並びうるものの意味で、中世に用いられ、トマス・アクィナスの「真理論」第一問第一項では「物」、「一」、「或るもの」、「真」、「善」が問題にされている。「存在」と合せたこれら六つのうち、スピノザは「デカルトの哲学原理」付録の「形而上学的思索」第一部第六章で「一」、「真」、「善」の三つを考察し、この備考では残りの二つを挙げたわけである。

(16) この部の注(2)を参照。

(17) この部の注(11)を参照。

(18) 命題四八とこの命題とは、判断と誤謬の成り立ちについてデカルトが第四省察で行った考察と対立して、それへの批判となる自説が述べられる(この命題の備考冒頭を参照)。そして、備考では、投げかけられうる反論の一番目と二番目で、デカルトの考えが取り上げられる。

(19) ビュリダン(一二九五頃 - 一三五八頃)はオッカムの系統に属し、パリ大学で活動した論理学者。この「ビュリダンの驢馬」という問題によって特に有名だが、この譬えはビュリダン自身の著作ではこの通りに「驢馬」としては現れないという。また、ビュリダンや他の論理学者のあいだで扱われた同様の問題は、「ビュリダンの驢馬」の譬えに帰せられるような絶対自由意志をめぐる議論ではなかったともいう。詳しくは、ゲルー(第二巻、五一三頁)、またこの備考でのスピノザの議論の脈絡についてはウルフソン(第二巻、一七八頁)を参照。

(20) この三者についてウルフソンは、タルムード(ユダヤ人の律法学者の口伝と解説の集成)に常套の例であることを指摘した上で、直接の典拠としてはマイモニデス「迷える者たちの手引き」第一巻第三五章を挙げている(第二巻、一七八 - 一七九頁)。

(21)「徳」と訳されるのが通例の virtus に「器量」という訳を充てる。『新訂大言海』の「器量人《きりやうにん》」の項で、語義の二番目に「智者」とあることも支えにしたいと思う。器量の規定は第四部定義八を参照。器量について述べる重要な言葉として、この訳書では省略部分に入る第四部命題二四を示しておく。「無条件に器量から行うことは、われわれにあっては、理性の導きからはたらきを行い、生き、おのれの有ることを保つこと(この三つは同じことを意味する)にほかならず、それを自身の有益を求めるという基礎からなすことである。」マキアヴェッリが「君主論」の中で君主の要件として論じるヴィルトゥ（virtù）は普通「力量」と訳されるが、「器量」はいっそうその意義に適うのではないだろうか。

(22)『遺稿集』もオランダ語版『遺稿集』も「第三部」となっている。パンシュのドイツ語訳がこの予告に相当する叙述が第三部にはなく、第四部命題三五*がそれに当ることを最初に指摘し、ゲープハルトがテクストを改めた（第四部命題五〇*も加えて指摘）。ゲープハルトはこの指示を明らかに、「エチカ」がまだ三部仕立てで執筆されていた時期（いまの第三、四、五部を合せたものが第三部になるはずだった）に書かれたものとみなした（本訳書の「あとがき」を参照）。

補注（一三七頁）「折にふれて（aliquando）」。「かつて」の意味に取っている訳者、注釈者が多い。拙訳『知性改善論／神、人間とそのさいわいについての短論文』（みすず書房）、「解題」注(92)、五三三頁参照。

第三部

(1) 第五部序言を指すと考えられる。

(2) ローマの喜劇詩人テレンティウス（前一九〇頃－一五九）の「兄弟」六八行（『ローマ喜劇集5』京都大学学術出版会、五七一頁）、第一幕第一場、ミキオの独白の言葉に拠る。J. H. Lecpold, *Ad Spinozae Opera posthuma*, Hagae Comitis, 1902, pp. 24; 30 sq. アッカーマン（七一頁）。第四部命題四五系二備考*でも用いられる。アッピューンはこの箇所への注で、ミキオの独白に表れた考えがスピノザのそれ（第四部命題一八*とその備考*）と通い合っていることを指摘している。続く六九－七一行の「罰を恐れて義務を果たす者は、／事がばれるのを恐れる間だけ気をつければそれでいい。／ばれずに済むと思ったら、また自分のしたいことに取りかかる」（山下太郎訳）も、第三部終りにつけられた「諸感情の定義」四八の説明*中の一節に反映していることが指摘される（カーリー）。ファン・デン・エンデンの私塾でのテレンティウスの作品上演（ラテン語文法課程の修了発表を兼ねたとみられ、スピノザも役を演じた）とスピノザのラテン語修養との関係については、第一部の注(3)で触れたプロイエッティの考証に詳しい（特に三〇九頁以降）。

(3) 第二部の注(12)参照。レオポルト（前掲書、七五頁）が「備考二」と読むべきことを指摘し、以後、それに従う立場と、備考一と備考二の両方を指すと解する立場におもに分れるけれども、第二部注(12)で触れたように、アッカーマンは「備考一」と読むべきであると考えている。

(4) ローマの詩人オウィディウス（前四三－紀元一七あるいは一八）の「転身譜」第七巻二〇－二一行にもとづく。第四部序言と同部命題一七備考*にも現れる。王女メデイアと英雄イアソンの物語の中の詩句。メデイアが、金の羊毛を求めアルゴ船隊を率いて訪れたイアソンへの激しい恋心と、王家の娘として祖国を裏切ってはならないという思慮との葛藤に苦しむ中で、理性では狂おしい想いを抑えられないとわかって漏らす独白の台詞。『オウィディウス変身物語（上）』中村善也訳、岩波文庫、二五九頁以降参照。カーリー（五五四頁、注一一）は、意志の自由をめぐって、この詩句に触れた十七世紀の哲学者として、デカルト、ホッブズ、ロックを挙げている。

(5) テレンティウス「アンドロス島の女」二六六行（『ローマ喜劇集5』、三一一頁）に拠る。

(6) 第二部の注(4)を参照。

(7)『遺稿集』も『オランダ語版遺稿集』もこの通りの指示だが、第二部命題八との関連は明確とは言えないため、見解が分れている。ゲープハルト版全集に先立つフローテン－ラント版はこの引証を「第二部命題一七」と校訂した。ゲープハルトは原典を維持したけれども、カーリーはその根拠を不明瞭とみる。他の訳では、ベンシュのドイツ語訳は第二部命題六に改め、ゲープハルト版以後の訳ではカイヨワ（プレイアード版）とミスライのフランス語訳がフローテン－ラント版に従っている。

（8）欲望（命題九備考）、喜びと悲しみ（命題一一備考）という三つの根本の感情が規定されたのに続いて、これらの根本感情から生じる感情のうち、まず愛と憎しみとが規定されたこの備考までを訳出した。

第三部は五十九の命題から成る。その備考の中で規定されていく諸感情について、もう一度「諸感情の定義」として四十八の項を設け、最後に「感情の一般的定義」を置いて、閉じられる。

さきの三つを根本感情と考えていることは、デカルトが「情念論」で、驚き、愛、憎しみ、欲望、喜び、悲しみの六つを根本感情として立てたことと対照を成す。しかし、「エチカ」の初期段階の著述だったとみられる「短論文」では、「情念論」の根本感情のうち、初めの四つをそのままの順序で取り上げて、感情が思い込みから生じることを概略的に説明しているほか、感情のうちのどれが善く、どれが悪いかを個々に問題にしていく際にも（「エチカ」の第四部の企てに相当する）、取り上げられる感情とその順序はおおよそ「情念論」の分類と順序に従っており、デカルトの影響を歴然と留めている（精気の運動に拠った体と心の関係の論究もそこに加えられる）。このようなスピノザの中での哲学上の推移と継続にも注意しながら、「エチカ」の感情論はやはりデカルトの「情念論」を一方に置いて読むことが求められる。

第四部

（1）オウィディウス「転身譜」第七巻二〇－二一行にもとづく。第三部注（4）を参照。

（2）「作る」というラテン語の動詞 facere（「行う」、「する」という意味にもなる）からの派生語として、「終わらせる」という動詞 perficere があり、この動詞 perficere の完了分詞が perfectus（「完成された」）である、という言葉のつながりをこの一文は明かしている。「完成された」が同じ語形の形容詞として「完全な」という意味になることが先で述べられる。「完全」という言葉が由来の点で「価値」を表す言葉ではないということ、つまり、物そのものがそなえる「価値」評価とかかわっていないと考えられていることに要点がある。

（3）『遺稿集』では「公理一」となっている。また第四部命題三一*の論証では「この部の公理三より」という引証がある。どちらも巻末で間違いとして番号のない「公理」に訂正されている。オランダ語版『遺稿集』のほうは両箇所とも番号なしの「公理」であり、この部に公理が一つしかない現状に合っている。第四部命題三一論証*での引証については、第四部の公理ではない、別の箇所（「第一部公理三」、「第四部定義二と三」、あるいは「第四部定義一」）の指示と読み替える解釈もあるのに対して、ゲープハルト（三七七頁、三八〇頁）は、この部には初めは（少なくとも）三つの公理があったところを、削除されて一つが残ったとみている。

（4）第四部は七十三の命題から成り、そのあとに、この部でただしい生活術に関して示された事柄が三十二の項に纏められて、付録として収められている。命題のほうは主題から次のような纏まりに分けられる。一、人間の無力の原因（訳出した命題八までを含む、命題一八まで）。二、理性の指図（命題一九－二七）。三、諸感情の善さと悪さ（命題三八－六六）。四、自由の人の生きかた（命題六七－七三）。この構成から、区分した一の部分だけがこの部の標題の「人間の奴隷状態」（すなわち感情の勢力）とかかわっていて、残りの部分は、自由な生とはどういうものになるのか、その内容を確立することに向けられているというパーキンソンの指摘（二四四頁、注一三二）には、一応耳を傾けてよい。パーキンソンはこれに続けて、第五部はそのような自由の生が（実際に）どう生きられうるのかということを説明することになると述べている。

第五部

（1）デカルト「情念論」第一部第三一節にもとづく。本訳書の第二部注（11）も参照。しかし、「脳のなにがしかの部分と特に結び合されている」というスピノザの要約がデカルトの考えとたしかに合致しているかどうかは、「情念論」の先立つ第三〇節に照すと、微妙な点だが疑問も起る。動物精気については「情念論」第一部第一〇節を参照。

（2）同三四節を参照。

（3）同四四節を参照。

（4）同五〇節末尾。

（5）「隠れた性質（qualitas occulta）」は、現象の説明要因として、スコラ哲学には基本的な概念であった。直接に知覚される「顕《あらわ》な（manifesta）性質」と対をなす。機械論の考えかたを採る十七世紀の哲学者と科学者には隠れた性質を批判する基調があった。隠れた性質を始めとするスコラ哲学に特有の概念への揶揄としては、幽霊の問題を扱った書簡五六（ボクセル宛）を参照。第三部命題一五系備考*では、隠れた性質として用いられてきたsympathia（惹き合い、親和力）とantipathia（撥ね合い、反撥力）を、「共感」と「反感」として、顕な性質と解すると断っている。デカルトを批判するこの序言でスピノザの頭にあったのは隠れた性質としての「惹き合い」と「撥ね合い」であったかもしれない。錬金術の化学者も物質の結合と分離を説明するために用いてきたこれらの性質は、古代哲学ですでにソクラテス以前の哲学者（とりわけエンペドクレスなど）に認められる「似たものは似たものに（ト・ホモイオン・プロス・ト・ホモイオン）」という考えに源をもつことも考えられる。斎藤忍随『知者たちの言葉――ソクラテス以前』（岩波新書）、一三〇、

一六一、一九五-一九六頁参照。

(6) デカルト「情念論」第一部第四五節を特に念頭に置いた批判とみられる。

(7) 同じく第三一節と第三四節をめがけた批判とみられる。

(8) この「薬となるもの (remedium)」は、この部の前半を区切る命題二〇の備考で纏めて箇条書きに並べられる。

(9) カーリーは、必ず十全な認識である理知にからめて「思い描く (imaginari 〔想像する、表象する〕)」という語が遣われていることに、「驚くべき」ことと注している。たしかにこの使用は第二部命題四〇備考二での認識の分類を破るけれども、ここでは、物の共通の特性を観想する理性から起る「感情」が問題になっていることが、この「思い描く」という語を使わせているとみるべきであろう。ちなみに、contemplari (観想する、眺める) という語もここでのように理知の場合 (そして第三類の直観知の場合) だけではなく、想像に関しても用いられる。

(10) アッカーマン (七-八頁) はテレンティウス「宦官」五六-七〇行 (『ローマ喜劇集5』、三一頁) の反映であることを指摘している。ここで譬えに挙げられた栄誉、富、恋愛の三つは、「知性改善論」冒頭で、人びとから最高に善いと評価されているものとして吟味にかけられる、富と栄誉と性愛の快楽とに対応している。

(11) 第五部はこの命題二〇備考で前半が区切られる。精神の永遠が後半の主題になることが告げられている。次の命題二一から命題四〇までがそれを扱う部分であり、締めくくりの命題四〇備考の言いかたでは、「体の実在に対する関係を離れて考察されるかぎりでの精神」について示されたことになる。照応するいまの命題二〇備考の予告の言葉と較べると、「実在」という言葉が加わって明確にされていると言えるが、命題二〇備考では精神の「持続」という言葉が遣われている違いがある。命題四〇備考に合せて、いまの箇所で

「体の実在」と改めた読みを提案する訳者たちが早くからいたことは省き、「持続」という語の使用について述べる。第一部定義八の説明だけでなく、この第五部後半の命題二三備考、命題三四備考でも永遠性と時間との無関係、持続との区別が強調されている。他方、従来、精神の永遠性を証明していると考えられてきた命題二三にある、精神のうちの何かが「残る（remanere）」という言葉は、体の死後の精神の存続として、持続を示唆するともみなされうる。永遠を時間の次元を超えたものと解するのがテクストの多くの箇所にも支えられた正統的な解釈であるけれども、この備考での「持続」という言葉は、これをそのまま受け取って、永遠性を持続につながるものとして捉えようとする解釈者たちの拠り所になり（永遠性は「恒存性（sempiternity）」、「全時的（omnitemporal）」と解された）、活潑な解釈上の議論を生んだ。精神の永遠を主題とするこの部分は、「エチカ」のクライマックスを成すにもかかわらず、そこにいくつもの難問を見出し、困惑を表している訳者、解釈者は多い。解釈史上の諸問題も含めて、この部分の理会については、すでに挙げた訳者の研究書『個と無限――スピノザ雑考』の第四章を参照いただけるとさいわいである。

（12）補足は訳者の理会にもとづく。命題二一から始まって命題四〇備考で締めくくられる精神の永遠をめぐる探究の中でこの命題はたしかに核を成す。この命題でもって精神の永遠性の証明がなされているという前提に立って、その証明の成否と精神の永遠性の性格についてあげつらうのが解釈者のほぼ常套であった。だが、ひと言で言えば、この命題と論証は精神が永遠であることを論理（演繹推理）上の必然として呈示するにとどめている。言いかえれば人間の精神の永遠は「権利上」のこととして結論されているにとどまる。だから、具体の或る人の精神が現実に永遠であるということの意味、また永遠であるかどうかには、この命題は触れていない。命題に含まれる「何か（aliquid）」という不定代名詞が論証の中でも三回現れ、論証の最後の文の主語も「何か」のままであることに着目される。精神の永遠を主題とする命題四〇までの箇所の中身は、訳者の理会では、次のように区分けされる。

A　精神の永遠の演繹的措定（命題二一－二三）。
B　永遠性の具体的内実（命題二四－三六）。
B1　第三類の認識（命題二四－二八）。
B2　第三類の認識の永遠性（命題二九－三一）。
B3　第三類の認識から生じる神への知性愛とその永遠性（命題三二－三六）。
C　知性と想像、永遠な精神と体のかかわり（命題三七－四〇）。

命題二三の論証で「何か」にとどめられたまま精神に属すると言われているものは、Bで第三類の認識とそれから生じる神への知性愛であることがあきらかにされ、最後にCの結びの命題四〇備考では「思いの永遠な様態」と言われるものである。この探究の核心は、「何か」の何であるかを明かすことを越えて、それが精神に現実に「属する」とはどういうことかを問うことにある。それは「エチカ」の全体を集約する問いであり、その結論でもある。詳しくは、前の注で挙げた訳者の論を参照。

（13）一つ文を挟んで次の、「物を見、観察する精神の目が論証そのものなのだから」という文とともに、この備考、というより第五部全部の中でもよく知られ、引かれる言葉である。ただし、それは多くの場合、この部に独特の趣きを象徴するような言葉としてである。この注目を惹く文は「エチカ」にそぐわない言葉遣いとして解釈者に困惑を感じさせたり、あるいは神秘主義のようなものと結びつけられてきた。次の研究は、この文を中心に据えて備考全体の深く丁寧な読解を示しており、有益である。鈴木泉「私たちは自らが永遠であることを感得し、経験する」、東洋大学哲学科編『哲学を享受する』（知泉書館）所収。

（14）「形相原因（causa formalis）」という術語はこの命題と論証でしか現れない。スコラ哲学の用語であるが、スピノザが念頭に置いている意味は、論証のほうで「十全な原因」の言いかえとして用いていることからおよそ推察できる。十全な原因とは、結果がこの原因だけを通して明晰判明に知られるものである（第三部定義一を参照)。論証を見ると、永遠な精神とは、ちょうど神が自身とそこから出てくるすべてのものの十全な認識をもつ(第二部命題三を参照)と言われるのと同じように、それがもつ神の認識から出てくるものを十全に知っていく。つまり、みずからがもつ認識についてその原因は自分だけである。このように神が「自己原因」であるということにもなぞらえうる性格をもつために、特に「形相原因」という用語が遣われたのではないかと推察される。この箇所についてはミスライの注釈が参考になる。

(15) この備考冒頭で「前の命題より」という引証があるのに続いて、「前の命題の系」と書かれており、原文上では両者が同じ命題を指すように受け取れてしまう。「エチカ」では系の論証の中で「前の命題」と引証されている場合、それは系の元の命題を指している。ここでも初めの「前の命題」は、この備考がつけられた命題三三のことである。それに対して、後者は命題三二の系を指すので、それがわかるようにした。命題三九備考の末尾に現れる「前の命題の備考」も、「備考」とあるのでわかるとはいえ、ここと同じように「先立つ」とし、命題三八を指すことを補った。「仮構」とは、命題三一備考で断ったような考察のやりかたのことである。

(16) 初めにオランダ語訳者のメイヤーが注記の中でこのように補って読むことを提案し、ベンシュ、畠中(岩波文庫)、カーリーが従う。その前にある「原因として神の観念を随えて」とも揃った言葉遣いになる。この命題の系のあとの備考での同じ補足は、この箇所に合せて補っているカーリーに倣った。

(17) 典拠として従来多くの訳者が揃って挙げるのは「イザヤ書」六ノ三である。ウルフソンはこれを疑問視し、スピノザの念頭にあったと推定するのに適う箇所として、「詩篇」一六ノ九と七二ノ二四の二箇所を挙げ、ユダヤの注釈家の注解を援用しながら、スピノザの意図との関連を考察している(第二巻、三一一―三一七頁)。

(18) カーリーは参照箇所として命題一七と命題三三備考の二箇所を挙げている。命題一七が、神は喜びの感情によって触発されないとすでに言っていることと、命題三二備考で「いっそう大きな完全さへの移り行き」である喜びと至福とが対比されていることから、この言いかたが生じているとみるのははずれていないだろう。命題一七の論証で推論されるように、神はもっと大きな完全さへ移るということがありえないから、喜びの感情をもたないことになる。命題一七の系にある「適切な語りかたをするなら」という言葉も、ここの「許されるとすれば」という譲歩と呼応する。

(19) 原語は pietas と religio。それぞれ、「敬い」と「務め」という訳語では一般的にすぎるという懸念もあるが、前者を「敬虔」、後者を「信仰(心)」あるいは「宗教(心)」と訳すことにはためらいを感じる。特に後者をそう訳す場合に、この命題のようにスピノザが信仰や宗教を考えていたということには疑問を抱いてしまうからである(論証の中にこの二語が現れないことも不思議ではある)。ラテン語の語義にもとづくと、pietas は、人、神々、国(統治者)などに対する人の「敬い」の感情と態度を意味する。「人」は、宗教や血族関係で結ばれた一団内の関係を指す場合もあれば、世(社会)の単位になるような個別の結びつき(子と親、夫と妻など)を指す場合もある。religio のほうは「聖なるもの」(宗教学者オットーが解明したように「畏怖させるもの」を核心とする)を根本として起る、禁忌、義務、戒律、疑い、良心、遵奉心、儀式などを広く蔽う。したがって、言葉の意味としては、前者を「人」(「神々」や「国」にも転じる)を基本とした「あいだ」の「敬い」(おもには「俗」界の)、後者を人間を超えた「聖」への「務め」と分けることができようか。ただし、命題の備考では、世間のことと聖なるものに属することとに分けられてはいるわけではない。命題四の備考で述べられている pietas には、いま言った語義と「野心(ambitio)」と対比されていることとを踏まえて、「親切心」という訳語を充てた。カーリーの訳書巻末にある用語解説の Morality の項も参考になる(pietas に当る英語を他の英語訳者が揃って piety としているのに対して、カーリーはこの語を採用)。

あとがき

「エチカ」を締めくくる最後の命題の備考にも現れる言葉、自分だけではなく読む者もそれに導こうとしているacquiescentiaは、これまでのおもな日本語訳では「満足」と訳されてきたけれども、そこに含まれる「静止（quies）」を生かして、「充された静止」と訳した。スピノザの哲学の特質が静謐というところにあるのか、それとも、近年よく言われるように力動性にあるのかということはさておいて、わたしたちの哲学者が生きた時代のオランダも、その人自身の生も、泰平ではなかったことはたしかである。

簡略な年譜を編んでみよう（当時のオランダの状況、同時代のおもな人の消息、日本の出来事の若干を小さな字にして添える）。

一六三二年一一月二四日　アムステルダムに生まれる。

両親の家系はキリスト教への改宗ユダヤ人（マラーノと呼ばれる）。イベリア半島での迫害を逃れてオランダに移住し、ユダヤ教の信仰生活を回復した。輸入の食料品や木材を扱う比較的裕福な商人の家だった。異母きょうだい合せて五人。ヘブライ語名バルッフ（Baruch）、ポルトガル語名ベント（Bento）、ラテン語名ベネディクトゥス（Benedictus）はいずれも「祝福された者」の意味。

同年　ジョン・ロック生まれる（一七〇四年死）。

ヨハネス・フェルメール、デルフトで洗礼を受ける（一六七五年死）。

一六三七―三八年（寛永一四―一五年）島原の乱。（一六二三―五一年　将軍徳川家光）

一六三九年　レンブラント（一六〇六―一六六九）、アムステルダムのユダヤ人居住区の家（スピノザの家と至近。現在の「レンブラントの家美術館」）に移り住む。

一六三九年（寛永一六年）―一八五四年　鎖国。

一六四〇年　ウリエル・ダコスタ、シナゴーグから破門を受けたのちに自殺。

一六四一年（寛永一八年）幕府、平戸のオランダ商館（一六〇九年設置）を壊させ、オランダ人を出島に移す。

一六四三年　フランス、ルイ十四世即位（在位一七一五年まで）。

一六四五年　グロティウス死（一五八三年生まれ）。

一六四八年　スペイン戦争終結。ウェストファリア条約（三十年戦争終結）。ネーダーラント連邦共和国（オランダ）独立。

一六四九―五四年　スピノザ、父親の商店で働いたと言われる。この頃自由思想のキリスト教徒たちと交わるようになったとみられる。一六五四年、父ミカエル死。弟とともに事業を承継。

一六五〇年　デカルト、スウェーデンのストックホルムで客死（『方法叙説』一六三七年、『省察』一六四一年、『哲学原理』一六四四年）。
一六五一年　ホッブズ『リヴァイアサン』出版（一六七九年死）。
一六五一年　クロムウェル（英国）の航海条例、オランダの海上貿易を脅かし、以後の蘭英戦争の火種に。
一六五二―五四年　第一次蘭英戦争。
一六五三―七二年　ヨーハン・デ・ウィット、ホラント州法律顧問に（都市貴族の全盛期）。

一六五六年七月二七日　ユダヤ教会から破門。

破門状には「恐るべき異端」「忌むべき振舞い」のためとあるものの、具体的に何を指すかは不明。破門ののち「弁明書」をスペイン語でしたためたと伝えられているけれども、今日まで発見されていない。この頃スピノザはユダヤ人の刺客に襲われたという話が残っている。刃先は胸を掠《かす》ったにとどまったが、裂かれた上着を民族の形見として手離さなかったという。

これから、現在残っている最初の往復書簡の日付である一六六一年八月までは記録がなく、伝記上「闇の時期」。

初期の伝記は、破門ののち、レンズの研磨を学び、生計を立てたと伝える。一説によれば、この仕事で吸い込んだ粉塵が胸の病気を悪くさせ、死を早めた。

一六五七年（あるいはもっと前）から翌年にかけて、スピノザと英国から来ていたクエーカー教徒との間に接触があったとみて、あるクエーカー文書をオランダ語からヘブライ語に翻訳した訳者をスピノザと見立てる学者もいる。

一六五八年までファン・デン・エンデン（後年フランスでルイ十四世への陰謀に荷担した廉《かど》で処刑）の主宰する私塾に寄宿し、ラテン語を学ぶかたわら、青年期までに受けた教育で通じていた分野を教える役もつとめた。

一六五九年頃まで、ホアン・デ・プラード（やはりユダヤ教会から異端の咎めを受け、のちに破門）と交わっていたとみられる。

一六六一年の夏に近い時期　ライデン近郊レインスブルフに住む（一六六三年まで）。

スピノザの友人・弟子のサークルが出来る。コレヒアント派の信仰に遵《したが》う者も多かった。コレヒアントはレインスブルフが発祥の地。神の言葉を解釈するうえで、内面の光と個人の独立を重く見、聖職者の組織などを認めない一派。

一六六二年　パスカル死（一六二三年生れ、『パンセ』一六六九年刊行）。

一六六三年　フォールブルフ（ハーグ近郊の町）に移住。

『デカルトの哲学原理』を出版。ホイヘンス（一六七八年「光の波動説」発表、一六九五年死）を識る。

一六六五—六七年　第二次蘭英戦争。

一六六七年　ルイ十四世のフランス軍、スペイン領ネーダーラントに侵攻。ブレダ条約（英・仏・オランダ・デンマーク間の講和）。

一六六八年　デ・ウィット、英・スウェーデンと対仏三国同盟。

一六六九年　アドリアーン・クールバハ、瀆神的言説の罪で入獄中病死。

この年の終りか一六七〇年初め。スピノザ、ハーグに移る。最初に間借りした家から、一年余の後、終《つい》の栖《すみか》に転居。

一六七〇年　『神学・政治論』匿名で出版。ユトレヒト州、『神学・政治論』の流通を禁止、各地で同様の措置相次ぐ。

一六七二年　ルイ十四世、オランダに侵入（一六七八年のナイメーヘンの和約で終結）。第三次蘭英戦争（一六七四年まで）。

海陸両面からの攻撃を受け、滅亡の危機に瀕したオランダは堤防を破る出水作戦で抵抗。オラニエ家のウィレム三世、総督に（一七〇二年まで）。英国の名誉革命後の一六八九年英国王に即位。

フランス軍侵攻のさなか、デ・ウィットは兄コルネリウスとともに暴民に虐殺された。

三回にわたる英国との戦争の結果、海上での英国の優位が決定づけられ、貿易立国オランダは衰亡に向かう。

一六七三年　プファルツ選帝侯カール・ルートヴィヒの意を体したハイデルベルク大学教授招聘を断る。

ユトレヒトを占拠していたフランス軍のコンデ公に招かれて訪れるが、行き違いで会えなかったと伝えられる。

一六七五年　「エチカ」の執筆を終え、「政治論」（未完）にとりかかる。

一六七六年一〇月　ライプニッツ、ハーグにスピノザを訪ねる。

一六七七年二月二一日　ハーグで死去。

一二月　『遺稿集』とオランダ語版『遺稿集』出版される。

一六七八年ライデン市、『遺稿集』の回収を指示、各地で同様の措置相次ぐ。

ウリエル・ダコスタ、アドリアーン・クールバハなど、一般にはなじみの薄い名にも言及した。前者はスピノザの心に跡をとどめたと推察される、ユダヤ教会の体制と個人の信仰の対立葛藤を示す事件、後者は、カルヴァン派とオラニエ公派が結びついて、思想と信仰の統制が強められた趨勢を示す事例であり、『神学・政治論』を出版したスピノザの身にも起りうることであった。じっさいこの趨勢のために、「エチカ」は刊行を延ばされ、死後に『遺稿集』に収められて世に出ることになった。

スピノザの生前に刊行された著作は、『デカルトの哲学原理』と『神学・政治論』の二つである。スピノザの名を掲げて出版された唯一の著作である前者は、デカルト哲学の説明をおもな目的とし、それを幾何学のやりかたで論じた主部分と付録の「形而上学的思索」から成る。後者は匿名で、出版元なども偽って出されたにもかかわらず、著者の名を（もっぱら悪名として）知らしめることになった。

他の著述に関しては、第一の史料になるスピノザの往復書簡のほかでは、『遺稿集』編者の序文と、歿後に書かれたいくつかの伝記記述から知識の手懸りが得られるだけである。

「エチカ」の執筆についてわかっているのはおよそ次のようなことである。

一六六三年二月の書簡では、アムステルダムの友人たちの集まりで「エチカ」に当る著述が読まれていることが報告されている。その読書会から起された質問に挙げられている定義と命題、スピノザの答とから、第一部の内容がおそらく前の年には執筆されたことを推察できる（書簡八と九）。「エチカ」の原型であったとみてよい、幾何学のやりかたによらない普通の叙述形式の、「神、人間とそのさいわいについての短論文」は、十九世紀半ばを過ぎてオランダ語の写しが見つかった。当初からスピノザの最初期の著述とみなされてきたけれども、この通説を覆して、「短論文」を未完の「知性改善論」よりもあとに書かれて「エチカ」につながる著述とみなす説が現れ、「知性改善論」と「短論文」の執筆順序について説は定まっていない。

二年後の一六六五年六月頃までには、執筆はおそらく順調に進み、終りに近づきつつある（書簡二八）。この書簡でスピノザは、完結させるまでは原稿を友人に送らないと心に決めていたけれども、思っていたよりも長くなったため、第三部の命題八〇くらいまでをとりあえず送ると書いている（今日残された「エチカ」第三部の命題の数は五十九）。このことから、当時「エチカ」は三部構成の作品として書かれつつあったと推定されている。これより三箇月ほど前の書簡二三でスピノザはこの著述を初めて「わたしの倫理学《エチカ》」と呼んでいた。また、いまの「エチカ」の第四部命題三七備考二の内容に言及しているので、そこまで執筆が進んでいたと推定できる。

ところがこの後、「神学・政治論」の執筆と出版に携わったこととと、おそらく「エチカ」の構成に変更が生じたことも理由となって、「エチカ」の執筆をめぐる消息はしばらく途絶える。十年を経て晩年に近い一六七五年に、五部から成る（いまの「エチカ」とみてまちがいない）論の出版について問われたのに対して（書簡六二）、スピノザはそれを印刷に付すためアムステルダムへ出向いたものの、さきに触れたような、出版の妨害が見込まれる趨勢のために、それを延ばすことに決め、その上事情はいっそう悪いほうに傾いていると告白している（書簡六八）。

こうして出版を一時断念した「エチカ」に、死を迎えるまで推敲が加えられたと推測することもできる。ともあれ、「エチカ」はこのように、少なくとも十三年間にわたって練り上げられたスピノザの主著である。伝承によれば、その死の直後、遺稿は家主を介して、著者の友人でもあったアムステルダムの出版業者リューウェルツに託され、十箇月後にほぼ時を同じくして『遺稿集（*Opera posthuma*）』、オランダ語版の『遺稿集（*De Nagelate Schriften*）』として刊行された。したがって、「エチカ」の原典は『遺稿集』のラテン語テクストであり、オランダ語版『遺稿集』のオランダ語訳がそれに準ずるものとみなされる。

この訳書が採ったやりかたを述べる（書名などは後に掲げる書誌を参照）。

底本にはカール・ゲープハルトによる全集第二巻所収のテクストを用いた。ただし、第一部の訳注(19)で触れた知見に鑑み、ゲープハルトがテクストに挿入した、オランダ語版『遺稿集』の異文からの補足はいっさい省いた。『遺稿集』とオランダ語版『遺稿集』には別の誤りが独立してあるので、翻訳といえども本来は両者をみずから校合して行われなければならない。しかし、この訳ではそこまでの作業は行えなかった。さきの注(19)で紹介した、ゲープハルトの補足の一々に判断を行っているカーリーの訳注を参考にし、さらにカーリーが概ね随っているアッカーマンの研究を参照し、必要がある場合に『遺稿集』とオランダ語版『遺稿集』を照し合せた。なお、アッカーマンの研究は、両方のテクストとゲープハルト版を照し合せて包括的に探査した文献学的研究であり、これによりゲープハルトがテクスト校定の拠り所とした見解の信憑性と校定のやりかたへの信頼度が決定的に揺《ゆら》いだ。

ゲープハルト版に代るテクスト編纂を求める研究の成果として、フランスのPUF社から新しいスピノザ全集の刊行が始まった。ただし刊行の進み具合はひじょうにゆっくりとしていて、一九九九年にアッカーマン校定の「神学・政治論」の巻が出たあと、第一部の訳注(3)で名に触れたプロイエッティ校定の「政治論」の巻が刊行されただけにとどまっている。この全集はフランスの学者によるフランス語訳を対訳としていて、国際版のような性格をもつ。わたしの把握するかぎりでは、フィリッポ・ミニーニ校定の初期著作の巻とピート・ステーンバッカース校定の「エチカ」の巻が続いて刊行されるはずである（ミニーニはすでに決定版と評価できる「短論文」の批評版を出している）。ここからある程度窺えるように、西洋でのスピノザ研究は現在、研究の質や研究書の刊行数ではフランスをほぼ中心としつつ、文献学的研究の方面ではオランダとイタリアの学者が先駆け、評価を得ている。「エチカ」の研究やまた翻訳も、いずれはステーンバッカース校定のテクストに拠って行われることになると見込まれる。

訳文中の表記などについて述べる。テクストで用いられているイタリック体の言葉のうち特に識別させる必要があると思われる場合については楷書体によって表した（傍点を用いないのは、字面上綺麗ではないという美感を、ヘーゲルの訳者長谷川宏氏と同じくするからである）。また、「　」で囲ったほうがわかりやすくなると思われる場合にはそうした。これは原語が大文字で始められている場合も含むが、大文字で始められている語のうち鉤で囲った場合は稀である。訳者が補足した語句には〔　〕を付けた。説明的な補足はできるだけ避ける方針を採ったので、その数は少ない。ただし、訳者の解釈を特に示したかった箇所（第一部命題二八備考、第五部命題二三証明）では例外として言葉を多く補った。『遺稿集』は長い備考でも普通まったく段落に分けられていない（ただし一貫したやりかたとして保たれてはいない）。これにそのまま随っては、いまの日本語の習慣からは読むのに苦痛を強いるので、適宜段落に分けた。カーリーの英語訳の段落分けにおもに倣ったが、そうではない場合もある。

付けた注にはさまざまな性格のものが混ざっている。スコラ哲学に由来する術語や古典文学との関連などについては、できるだけ注を付けるように力めた。みずからの読解を説明した注もある（第一部注(10)、第五部注(12)など）。もし訳者の解釈に関心をもたれたなら、そうした注の中でも名を挙げた論文集『個と無限――スピノザ雑考』（風行社）を覗いていただけるとうれしい。「エチカ」に特徴的な言葉を説明する注はほとんど付けなかった。これは、付ければきりがないからという理由にもよるが、本意とするところは、読む者が自分でそうした言葉の意味を掴んでいくほかに理会の道はなく、先立って他人が説明を与えてしまうことは礙《さまたげ》になると思うからである。

用いた書物、挙げておきたい書物を一覧にしておく（古い書物の場合は出版社名を省いて発行地のみを記す）。

原典

B. D. S. *Opera Posthuma, Quorum series post Praefationem exhibetur,* ［Amsterdam,］ 1677.（『遺稿集』）

De Nagelate Schriften van B. D. S.......Uit verscheide Talen de Nederlandsche gebragt, ［Amsterdam,］ 1677.（オランダ語版『遺稿集』）――いずれもB. D. S. はBenedictus de Spinozaの頭文字。

テクスト

Spinoza Opera im Auftrag der heidelberger Akademie der Wissenschaften hrsg. von Carl Gebhardt, 4 Bde., Heidelberg(Carl Winter), 1925.

本訳書がその第二巻を用いた全集。これに先立つ次の全集も研究者に使用される。

Benedicti de Spinoza Opera quotquot reperta sunt. Recognoverunt J. van Vloten et J. P. N. Land, Hagae Comitum, Volumen prius et volumen posterius, 1882-1883, 1914^3, 4 vol. in 2 vol.（フローテン－ラント版）

翻訳

The Collected Works of Spinoza, Edited and Translated by Edwin Curley, Princeton (Princeton University Press), 1985, Vol. 1.

Spinoza, *Ethics and Treatise on the Correction of the Intellect*, Translated by Andrew Boyle and revised by G. H. R. Parkinson with an Introduction and Notes by G. H. R. Parkinson, London and Vermont (J. M. Dent and Charles E. Tuttle, "Everyman"), 1993.

L'Éthique de Spinoza, Traduction de A. Guérinot, Paris (Éditions Ivrea), 1993.

Spinoza, *Œeuvres III*, Traduction et notes par Charles Appuhn, rééd., Paris («GF-Flammarion»), 1965.

Spinoza, *Œeuvres complètes, texte nouvellement traduit ou revu, présenté et annoté par Roland Caillois, Madeleine Francès et Robert Misrahi*, Paris (Gallimard, «Bibliothèque de la Pléiade»), 1954.

Spinoza, *Ethique*, introduction, traduction, notes et commentaires, index de Robert Misrahi, Paris (Presses Universitaires de France), 1990.

Baruch de Spinoza, *Die Ethik nach geometrischer Methode dargestellt*, Übersetzung, Anmerkungen und Register von Otto Baensch, Einleitung von Rudolf Schottlaender, Hamburg (Felix Meiner, „Philosophische Bibliothek"), 1976 (1910^{2}).

Benedictus de Spinoza, *Ethica op meetkundige wijze uiteengezet*, uit het latijn door Dr. W. Meijer, Amsterdam, 1896, 1923^{3}.

この中で、訳しているあいだにつねに参照したのは、カーリーとパーキンソンの英語訳、ゲリノのフランス語訳である。カーリーのものは底本について述べた所でも書いたように、テクスト批評に踏み込んだ注を付けているために役に立った。(おそらくは学生向けに)再編集された版が *A Spinoza Reader* として出たのち、その中の「エチカ」だけがいまは Penguin Classics に収められている。全集版と違って、この二種は訳注をもたない。論理学に近い立場からの近世哲学研究の碩学パーキンソンの版は、間違いの多い訳として研究者からは相手にされなかったボイル訳の旧エヴリマンズ・ライブラリー版に、(パーキンソンによれば)ボイルの訳文の文学的香気を保つように力めながら、正確な訳をめざしておよそ三千箇所の変更を加えたものという。長めの序文のほか、説明の注もたくさん付けられている。ベンシュとアッピューンのものはそれぞれドイツ語訳、フランス語訳の中で標準の訳として長く用いられている。ゲリノのフランス語訳は注がまったくないが、訳語の選択と訳文がフランスでは研究者からも高く評価されてきたらしく、ドゥルーズも la très belle traduction と評している。掲げたのは、六十年余ぶりに装いを新たに再刊された版である。造本の方面に趣味がある読者のために蛇足を加えると、元の Édition d'art Édouard Pelletan からの版は一九三〇年に銅版画入りの十二折ほどの小型二巻本として一一八〇部限定で刊行された(そのため手に入りにくいものになっていたのである)。この出版社はデカルト「方法叙説」の愛書家向けの版も刊行している。

「エチカ」のコメンタリーの性格をそなえた研究書として、よく参考にされているものは、訳注でも触れているが、次の三つであろう。

Lewis Robinson, *Kommentar zu Spinozas Ethik*, Leipzig, 1928.

Harry Austryn Wolfson, *The Philosophy of Spinoza*, Cambridge, Mass., 1934, Rep. 1983（Harvard University Press）, Two Volumes in One.

Martial Gueroult, *Spinoza*, 2 vol., Paris（Aubier-Montaigne）, 1968 et 1974.

最後のゲルーの二巻本（それぞれ第一部と第二部を扱う）は現在スタンダードのような扱いを受けている。第一部命題一一の神の実在証明にいたるまでの諸命題を、「一つの属性をもつ無限な実体」からつくり成される「無限に多くの属性をもつ絶対的に無限な実体」の演繹と読み解く所に、第一に挙げられるべき独自性をそなえる。ゲルーがさまざまな箇所で批判するウルフソンの研究は、アリストテレスの伝統のうちにある中世のユダヤ哲学に関する蘊蓄を傾けてスピノザの哲学を解明しようとしている点に特徴がある。

文献学的な研究では、底本の所で言及したアッカーマンの書のほかに、もう一つ、新しい全集で「エチカ」の巻の校定を担当するステーンバッカースの研究を挙げておく。

Fokke Akkerman, *Studies in the Posthumous Works of Spinoza on style, earliest translation and reception, earliest and modern edition of some texts*, Proefschrift, Rijksuniversiteit te Groningen, 1980.

Piet Steenbakkers, *Spinoza's Ethica from manuscript to print. Studies on text, form and related topics*, Assen（Van Gorcum）, 1994.

最後にもう一冊、訳しているあいだに次の索引からたいへん恩恵を受けた。

Michel Gueret, André Robinet et Paul Tombeur, *Spinoza Ethica. Concordances, Index, Listes de fréquences, Tables comparatives*, Louvain-la-Neuve (CETEDOC, Université Catholique de Louvain), 1977.

初めに言うべきことだったかもしれないが、この抄訳は、全体で五部から成る「エチカ」の第一部、第二部、第五部を完訳し、第三部と第四部は冒頭から途中までを訳出した。全体の五分の三くらいの分量になっている。さまざまな案を考えたすえに決めた構成である。前に論証された命題を使って新たな命題を紡ぎ出していく書物であるから、一部を省略するというやりかたになじむかどうかということにも思いが向わざるをえなかった。論証を省いて命題だけを並べたりすれば、ぷつんぷつんとしたものになってしまうだろう。しかも、論証が命題のほんとうの意味を明かし、かえって論証のほうが重要である場合も少なくない。初めは面倒に感じられるかもしれないが、引証されている命題に遡って当ることで発見を得ることもある。

所々を抜くことで全体を薄めながら網羅するというようなやりかたを採らないとすると、五つの部のうち、開始の第一部と締めくくりの第五部ははずせず、認識を扱う第二部を加えて、これらの部全体を訳出するという考えに落ち着いた。第三部と第四部については、どちらもやはり序言は入れたいことと、初めのほうの諸命題もその部の根柢をなす事柄を据えていることを考慮して、冒頭から続けて訳出した。省略部分の内容の区切りやごく簡単な見取図については訳注の中で触れた。

スピノザは無神論者として、死後もしばらくはその名を口にするのが憚られ、著作も表立っては流布されることが難しかった。だが時を経て、レッシング、ゲーテなどのドイツの文学者が先駆けになって共感を呼び集め、さらにドイツ観念論の哲学者たちによってその哲学が議論の的になるまでの思潮は、スピノザ・ルネサンスと呼ばれる。言い切ってまちがいないと思うが、スピノザほど多くの文学者を共感で惹きつけた哲学者はおそらくいない。ドイツではほかにノヴァーリスやハイネ。シェリーを始めとして英国ロマン派の詩人たち、ジョージ・エリオット（『エチカ』を訳してもいる）など、挙げていくと数はかなりにおよぶ。現代の文学ではボルヘスなどの名も加えられる。ジョイスの『ユリシーズ』の「俗人」、レオポルド・ブルームの書棚にもスピノザがある。スピノザへの芸術家の関心は文学者に限られない。ヴァレリーが伝えるエピソードによると、画家ドガは、パスカルの『パンセ』の編集者としても知られる哲学者レオン・ブランシュヴィックがまだ学徒だった頃、初対面の際哲学をやっていると知ると、「あのスピノザという奴、君はあれを五分間で私に説明してくれることは出来ないかね？」（吉田健一訳）と急き込んでたずねたという。こう並べてみると、その関心は、熱を帯びた帰依と、世界を遠目にしたような醒めて乾いたヴィジョンとを両極としている、とでも言えるであろうか。その幅の中にスピノザの魅力の秘密があるということかもしれない。かれら芸術家たちを惹きつけたのは、スピノザの著作の中でも特に『エチカ』であったことはまちがいなく、その中のどこかをさらにつきつめれば、ここに全体を訳出した第一部、第五部に加えて第二部ということになるのではないだろうか。

この「エチカ抄」という、考えてみれば「だいそれた」とも言える試みは、二年余前に話のはずみから生れた。どういう構成にするかをそれから考え始め、その間、朝日カルチャーセンターで「エチカ」を読む機会を得た際にも自分の「エチカ」像を定めようと意識しながら臨んだが、そうこうしているうちに実際に訳し始めるまでに一年近くが過ぎてしまい、その後も別の大事な仕事が入ったため、随分と長引かせることになってしまった。やっとこの「あとがき」を書くところまで漕ぎつけたという感慨とともに、みすず書房の編集者尾方邦雄には感謝の気持を感じている。

最後に、自分とスピノザのかかわりで憶えている昔話を一つ記すと、大学卒業を半年後くらいに控えて、卒業論文の題目を届けるため（ご専門がギリシア哲学であることを顧みず）斎藤忍随先生にお願いに上がったところ、「めずらしいものをやりますね」と言われた。結局、その「卒業論文」はまったく手も着けられないまま、哲学科をはずれた脇道から大学を卒業するようななりゆきになった。その後また哲学の道に復し、ともかく三十年スピノザを読んできた。「研究」と自負できるほどの立派な仕事は果せていないけれども、こうしてその主著の訳者になれたことはやはり仕合せという思いを禁じえない。

二〇〇七年二月一五日

新装版あとがき

拙訳スピノザ『知性改善論／神、人間とそのさいわいについての短論文』が刊行されてほどなく、この「エチカ抄」新装版のお話をいただいたので、ありがたくお受けした。判っていた誤記などの訂正に加え、「知性改善論」と「短論文」とに合せる形で訳語の「本質」を「有りかた」に統一し、改善の必要があると思えた所若干にも手を加えたため、ただ装いを新たにするという範囲を越えてしまった。

自分のなかでは《大人の本棚》シリーズの一冊であった「エチカ抄」はどちらかと言えば一般読者向け、それに対して「知性改善論／短論文」のほうは専門家向けという意識があったが、こと訳文に限れば「一般読者向け」、「専門家向け」といった区別はそもそもないことにあらためて気づいた。

旧版あとがきでも触れている、フランスで刊行中の新たな校定テクストにフランス語対訳を付したスピノザ作品集の「エチカ」の巻は、担当者の一人フォッケ・アッカーマンが昨年他界してから、もう一人のピート・ステーンバッカースが完成させ、今年中にも刊行の運びと聞く。近年発見されたヴァティカン写本（『遺稿集』に印刷された稿よりも前の段階の写し）の知見も反映させたステーンバッカースの版を参看しつつ、この抄訳では省かれた部分も収めた全巻の訳を実現するのが訳者のいまの願いである。

二〇一八年四月　桜が終り、はなみずきが開き始めた頃

佐藤一郎

著者略歴

(Spinoza, 1632-1677)

1632年11月24日オランダ，アムステルダムのユダヤ人居住区で商人の家に生まれる．両親の家系はイベリア半島でキリスト教へ改宗したユダヤ人（マラーノと呼ばれる）で，オランダに移住し，ユダヤ教の信仰生活を回復していた．ヘブライ語名バルッフ（Baruch），ポルトガル語名ベント（Bento），のちにラテン語名ベネディクトゥス（Benedictus）を用いた．ユダヤ教会内で早くから俊才として注目されたとも伝えられるが，1656年7月27日，23歳のときに破門を受ける．友人・弟子のサークルとつながりを保ちながら，ライデン近郊レインスブルフ，ハーグ近郊フォールブルフを経て，ハーグに移る．1677年2月21日ハーグで歿す．同年，「エチカ」を含む『遺稿集』が刊行される．他の著作は「知性改善論」（未完），「神，人間とそのさいわいについての短論文」，「デカルトの哲学原理」，「神学・政治論」，「政治論」（未完），往復書簡集ほか．

編訳者略歴

佐藤一郎〈さとう・いちろう〉 1952年生まれ．東京大学文学部卒業．東京都立大学大学院博士課程中退．山梨大学特任教授．著書『哲学的冒険——形而上学へのイニシアシオン』（丸善）『個と無限——スピノザ雑考』（風行社）．訳書 スピノザ『知性改善論／神，人間とそのさいわいについての短論文』（みすず書房）．論文「内と外へのまなざし——スピノザの哲学への一つの近づき」（日本哲学会編『哲学』57号）「朗らかとあきらめ——日本的ニヒリズム考」（哲学会編『哲学雑誌』123巻795号）「哲学するジャコメッティ——「夢・スフィンクス楼・Tの死」」（『みすず』447号）など．

スピノザ エチカ抄

佐藤一郎編訳

2007年 3 月23日 初 版第1刷発行
2018年 5 月17日 新装版第1刷発行
2018年11月26日 新装版第2刷発行

発行所 株式会社 みすず書房
〒113-0033 東京都文京区本郷2丁目20-7
電話 03-3814-0131(営業) 03-3815-9181(編集)
www.msz.co.jp

本文組版 プログレス
本文印刷所 理想社
扉・表紙・カバー印刷所 リヒトプランニング
製本所 誠製本

Printed in Japan
ISBN 978-4-622-08710-6
[スピノザエチカしょう]